中共贵州省委宣传部、贵州大学
"部校共建"传媒学院专项资金资助出版

Xiwang Communication Library

贵州大学溪望传播文库

中国传媒经济学研究历史进路与范式建构

——基于学科史的视角

陈玥 著

WUHAN UNIVERSITY PRESS
武汉大学出版社

图书在版编目(CIP)数据

中国传媒经济学研究历史进路与范式建构:基于学科史的视角/陈玥著.—武汉：武汉大学出版社,2021.4(2022.4 重印)
贵州大学溪望传播文库
ISBN 978-7-307-22170-3

Ⅰ.中…　Ⅱ.陈…　Ⅲ.传播媒介—经济学—研究—中国
Ⅳ.G219.2

中国版本图书馆 CIP 数据核字(2021)第 044417 号

责任编辑:唐　伟　　　责任校对:李孟潇　　　版式设计:马　佳

出版发行：**武汉大学出版社**　(430072　武昌　珞珈山)
(电子邮箱：cbs22@ whu.edu.cn　网址：www.wdp.whu.edu.cn)
印刷：武汉邮科印务有限公司
开本:720×1000　1/16　　印张:9.75　　字数:156 千字　　插页:2
版次:2021 年 4 月第 1 版　　　2022 年 4 月第 2 次印刷
ISBN 978-7-307-22170-3　　　定价:35.00 元

前　言

就某学科的发展历史进行撰写，自公元前4世纪起就已出现。18世纪后，学科史成为一门独立的学科，在学术版图中占据了一席之地。学科史的研究对学科今后的发展方向，对学科专业化、规范化的进程都有着十分巨大的促进作用。

与众多学科相比，即使是在新闻传播学范畴内，传媒经济学也属于一门新兴学科。其作为一个专门研究领域，在西方国家的发展只经历了六十余年的时间，在中国仅有二十年左右。

本书在系统地梳理国内外传媒经济学研究相关成果的基础上，透过学科史这一视角，运用文献计量研究、定量研究等研究方法，以时间作为研究线索，从“内史”与“外史”这两个维度同时对传媒经济学研究的发展进行梳理与分析。通过将史实描述与文献分析相结合，描绘了西方传媒经济学、中国传媒经济学研究的起始及发展过程。

在对西方传媒经济学研究进行梳理与分析后发现：其早期研究阶段，经济学家是最先介入这一研究领域的研究者，而这段时期的研究呈现出独立、分散的研究格局。进入20世纪90年代后，在全球传媒经济大繁荣的现实背景下，西方传媒经济学发展迈入了成熟与范式建构阶段。此时的研究拥有了一批较为稳定的研究队伍，经济学、新闻传播学学科背景的学者是其主要研究力量。核心研究者间也存在着合作关系，科学共同体已经形成。经济学研究范式是西方传媒经济学最主要的研究范式。这些都标志着西方传媒经济学研究已经进入了“常规科学”阶段。

基于对相关研究文献的分析，书中将中国传媒经济学研究的发展分为以下三个阶段：初始时期、“前科学”时期、迅速成长期。

20世纪90年代之前的初始时期，由于中国民营报业的兴起以及新闻学的发展，新闻传播学学者在20世纪20年代就提出了传媒经济相关议题，但由于战乱不断、社会动荡、体制变迁等因素影响，直至20世纪50年代，随着传媒经营活动的终结，相关议题两次提出、两次被终止，实质性的研究并未展开。直到70年代末期，在传媒业界对“经营”活动的强烈呼唤下，传媒经济相关领域研究才再次引发学术关注，传媒经营问题、广告问题在以业界为主的研究者中被提及。

1993年至2000年，笔者将这段时期划定为中国传媒经济学研究的“前科学”时期。这时的传媒经济学相关研究是在国家政策与业界发展的推动下展开的，学界和业界同时构成了传媒经济学研究的知识生产。新闻传播学学科背景研究者是中国传媒经济学研究绝对主力。这段时期的研究没有科学、规范的研究方法，没有科学共同体，中国传媒经济学的研究范式出现缺失。

2001年至今，是中国传媒经济学研究的迅速成长期。在传媒产业、文化产业大发展、大繁荣的背景下，中国传媒经济学研究在文献数量、研究队伍、研究内容、学科建设上都取得了长足的进步。学界成为绝对研究主力，研究者的学科背景更为多样，学科的自觉建制亦已开始，中国传媒经济学研究正向着“常规科学”阶段迈进。但在迅速发展的同时，对于其研究范式的困惑，预示着中国传媒经济发展中存在危机。

2008年后，中国传媒经济学研究出现“放缓”现象，学科自身发展遇到阻碍。在分析产生这一现象的原因后，笔者认为对西方传媒经济学已有的研究方法与理论范式导入未完成，新的一系列问题又等待着解答，其所带来的中国传媒经济学研究的“双重范式危机”是阻碍该学科发展最为主要的因素，中国传媒经济学研究期待着范式的建构。而针对中国传媒经济学所面临的现实，在由五部分组成的研究框架下，笔者从理论经济学、应用经济学和传播学三大理论范式维度出发，为中国传媒经济学构建了集经济学与新闻传播学为一身的研究范式，试图解决传媒经济学学科发展中面临的问题。

目　　录

第1章　传媒经济学与学科史

1.1　学科史与传媒经济研究总画像

1.1.1　学科史——学科发展的史学观照

人类社会过去所发生的一切，如没有记载，则只能消失在时间的长河中，很快便无人提及。过去发生的事件，如无研究，它只是散落在时空中的星星点点，存在，却似乎并不重要。是历史，将它们系统地记录、诠释与研究。海明威说20世纪20年代的巴黎是一场流动的盛宴。笔者认为，历史亦然。它是如此丰盛，可以让我们穿梭于不同时空、不同场景，近观、远望；它给我们带来太多的领悟，通过它人类才得以发展到今天，有了众多辉煌成就。过去、现在与未来，是历史将它们牢牢相连。

从希波克拉底所著的医学史起，科学家们就已开始了对某学科的学科史撰写。18世纪后，科学史成为了一门独立学科。各学科的学科史和专业史、综合科学技术史都进入了科学史研究者的视野。① 对某学科的学科史进行梳理、研究，虽不同于该学科的研究内容，但它是学科研究中一个十分重要的环节。通过学科史研究，不仅能全面了解学科发展的逻辑轨迹，找出发展的规律，且能对学科今后发展方向做出判断，对学科专业化、规范化、制度化地发展有很大的促进作用。

1.1.2　传媒经济——一门走向成熟的新兴学科

传媒经济，无论在国外或国内都属于一个新兴学科。著名传媒经济学学者

---

①　金尚年．自然科学史研究的发展、意义及其在综合大学中应有的地位[J]．自然辩证通讯，1984(1)：72-75。

Robert G. Picard(1989)将传媒经济学理解为研究“传媒机构如何用自身有限的资源来满足观众的信息和娱乐需求、满足广告商及社会的需求”的学问；Alan B. Albarran(1996)认为传媒经济学应关注“传媒机构们如何运用有限的资源来满足不同的需求”；Alison Alexander(2004)说传媒经济是指“传媒机构通过公司运营、金融活动来生产、销售各种传媒产品的活动”；John D. H. Downing 和 Denis McQuail(2004)则认为传媒经济学是“用来研究传媒机构、传媒产业微观与宏观方面的经济理论、概念和原理”。总而言之，传媒经济是由传媒机构为中心所引起的相关经济活动和经济现象。

西方学者开始对这一领域有所关注，起始于 20 世纪 20 年代，①《广播产业经济学》中“广播经济学”概念的提出，被学者们认为标志着关于传媒经济学研究的开始。② 中国学者对此关注则是起步于 20 世纪 80 年代末期。因此，与起始于 17 世纪的自然科学的学科划分，以及随后发生于 18 世纪的社会科学学科的划分相比，传媒经济学是一门新兴学科。

中国传媒经济学研究因传媒机构具有事业性、产业性双重属性，③ 有别于国外传媒经济学研究。中国传媒经济学的发展与中国国家发展战略、市场经济体系的建设紧密相关，我国传媒经济学研究并不能直接借用国外传媒经济学研究的成果。自 1978 年底《人民日报》等 8 家首都报纸联名向中央财政部报告，要求实行“事业单位企业化管理”以来，这 40 余年的传媒体制改革，让我国传媒企业实力迅速增加，传媒经济对于国民生产总值的贡献率稳步提升。2002 年，中共十六大召开，“文化产业”的概念在大会报告中被正式提出。随后，2003 年，中国文化体制改革正式启动。社会发展现状的需要，政府对于经济增长方式、发展方式转型的思考，文化产业大发展大繁荣政策的实施，都为我国传媒经济的发展、繁荣带来了空前机遇。2011 年中共十七届六中全会关于《中共中央关于深化文化制度改革推动社会主义文化大发展大繁荣若干问题的决定》的发表，体现出传媒经济在我国社会经济、文化、政治中的重要性越来越大。在这一大背景下，传媒经

① 杭敏、[瑞典]罗伯特·皮卡特．传媒经济学研究的历史、方法与范例[J]．现代传播，2005(4)：26。

② 陈中原．传媒经济学研究的简要回顾[J]．新闻大学，2005(1)：9。

③ 郑保卫．事业性、产业性：转型期中国传媒业双重属性解读[J]．今传媒，2006(8)：8-10。

济学研究变得更加重要。

我国传媒经济学研究的发展过程，其实是一个起步于对西方传媒经济学研究的直接导入、随后自身发展的过程。虽然在更早时期，就有学者涉猎这一研究领域，但那更多的是对传媒经营活动相关议题、对传媒组织发展的一种思考，并非站在传媒经济这一研究角度上来关注此类问题。直到20世纪末21世纪初，传媒经济学才有了更多学者的关注、更全面的思考以及更专业的研究。随着这一研究领域的发展、学者群的形成、学科自觉建制的开始，中国学者才开始对其研究内容、研究工具、理论范式等问题展开讨论，对以往的传媒经济学研究进行回顾。但这些问题的研究都存在着不足。

因此，在学科史视野下对我国传媒经济这一领域进行研究，不仅对这一新兴学科的继续发展有着至关重要的作用，填补了这一研究领域的空白，而且对我国传媒产业发展十分有利，符合我国国家经济发展战略。

1.2　中西方传媒经济学研究画像

1.2.1　西方传媒经济学研究画像

自20世纪20年代起，由于传媒组织经济活动增多以及规模壮大，关于其经济活动的研究就进入了一批经济学家的视野。广播、广告、电信、电视、报业等传媒组织的经济学问题都纳入了经济学家们的讨论范围;① 而到了20世纪五六十年代，广告支出的大幅增长和商业传媒组织规模的扩大，使得关于传媒经济的研究开始涌现，除经济学家外，传播学学者也加入了这一领域的研究。微观经济学、宏观经济学、政治经济学等理论工具都被运用于研究当中。② 一直到20世纪80年代，大量的传媒经济学研究著作出现，1987年，在Robert G. Picard等传

① 陈中原．传媒经济学研究的简要回顾[J]．新闻大学，2005(1)：9。

② Robert G. Picard. Historical Trends and Patterns in Media Economics[A]. //Alan B. Albarran, Sylaiv M. Chan-Olmsted, Michael O. Wirth. Handbook of media management and economics[M]. London: Lawrence Erlbaum Associates, 2005: 23-36; Alan B. Albarran. Media Economics[A]. //John D. H. Downing, Denis McQuail, Philip Schlesinger, Ellen Wartella. The SAGE Handbook of Media Studies[M]. New York: SAGE Publications Inc., 2004: 291-307。

播学学者的倡导下，*Journal of Media Economics*(《传媒经济学学刊》)在美国创办，成为传媒经济学领域的核心刊物，并进入了美国 SSCI(Social Sciences Citation Index，社会科学引文索引)期刊目录，标志着新闻传播学学者已渐渐成为传媒经济学的研究主力军。1989 年，美国密苏里大学新闻学博士 Picard 撰写的世界上第一部传媒经济学教科书正式出版，成为新闻传媒学学者主导世界传媒经济学研究的一个重要转折点。

随着研究人员、研究机构的增加，关于传媒经济这一领域的学术期刊论文、出版物也相应出现并快速增多。20 世纪 90 年代初，由新闻学界主导和参与编写了两部重要的传媒经济学教科书。一部为 1993 年，佐治亚大学新闻学教授亚历山大(Alison Alexander)等组织编写的《传媒经济学：理论与实践》(*Media economics: Theory and practice*)，另一部为 1996 年北得克萨斯大学广播电视电影系主任艾尔布兰(Alan B. Albarran)教授独立撰写的《传媒经济学：理解其市场、产业及其内容》(*Media economics: Understanding markets, industries and concepts*)。[①] 在 90 年代，传媒经济不仅仅作为一个研究领域而存在，它在欧美 20 多所大学已成为一个拥有自身硕士点或博士点的专业方向。[②]

经过几十年的发展与沉淀，某些传媒经济学研究领域的著名学者开始对其本身的发展历史进行回顾，并对其研究主题、研究范式进行梳理与探讨。在 Robert Picard 教授于 1989 年编写的仅有 136 页的 *Media Economics: Concepts and Issues* 一书中，对传媒经济相关的概念进行了解释，并对这一领域的主要研究文献做了介绍。它着重探讨了传媒市场的作用、消费者的选择、市场对生产者选择的反应、市场对垄断、竞争的反应等问题。虽然在某些经济学理论的运用中存在问题，但其对传媒经济学发展的贡献是巨大的。进入 90 年代，因为有了前期的研究基础，学者们对以往的研究进行了回顾与反思。Miller 和 Gandy(1991 年)就发现，1965—1988 年，在《广播学刊》(*Journal of Broadcasting*)、《新闻学季刊》(*Journalism Quarterly*)、《传播学刊》(*Journal of Communication*)这三本期刊中，关

① 陈中原．传媒经济学研究的简要回顾[J]．新闻大学，2005(1)：11。

② Robert G. Picard. Historical Trends and Patterns in Media Economics[A]. //Alan B. Albarran, Sylaiv M. Chan-Olmsted, Michael O. Wirth. Handbook of media management and economics[M]. London: Lawrence Erlbaum Associates, 2005: 23-36。

于传媒经济问题的研究论文里，作者对于经济类期刊文献的引用频次是很低的；① Lacy 与 Niebauer(1995 年)试图总结出传媒经济学研究中学者对于理论，特别是经济理论的运用(是借用过去的理论？是发展了新的理论？还是靠经验研究？)情况。② 通过对《传媒经济学学刊》的 48 篇论文与《新闻学季刊》的 28 篇论文进行分析、对比，得到以下结果(见图 1-1)：③

TABLE 1
Percentage of Articles With Theory Basis by Year and Publication

	1988		*1989*		*1990*		*1991*		*1992*		*Total*	
	JQ	*JME*	*JQ*	*JME*	*JQ*	*JME*	*JQ*	*JME*	*JQ*	*JME*	*JQ*	*JME*
Theoretical basis	80%	67%	38%	70%	83%	88%	83%	100%	0%	78%	61%	79%
No theoretical basis	20%	33%	62%	30%	17%	12%	17%	0%	100%	22%	39%	21%
N	5	12	8	10	6	8	6	9	3	9	28	48

Note. JQ = Journalism Quarterly. JME = The Journal of Media Economics.

TABLE 2
Purpose of Article by Journal

	Journalism Quarterly	*The Journal of Media Economics*
Theory building	3.6%	4.2%
Theory testing	64.3%	62.5%
Atheoretical	32.1%	12.5%
Commentary	0.0%	20.8%
N	28	48

TABLE 3
Theoretical Basis for Articles by Author Background

	Communications	*Economics*
Pretheory	25%	0%
Economic theory	48%	50%
Management theory	13%	0%
Mass media economics models	35%	50%
Other mass communications models	8%	0%
N	63	10

Note: Percentages total more than 100% because an article could have more than one theoretical basis. Table includes all articles except theory development articles.

图 1-1

① Kurt M. Miller, Oscar H. Gandy Jr.. Paradigmatic Drift: A Bibliographic Review of the Spread of Economic Analysis in the Literature of Communication [J]. Journalism & Mass Communication Quarterly, 1991, 12: 663-671。

② Stephen Lacy, Walter E. Niebauer Jr.. Developing and Using Theory for Media Economics [J]. The Journal of Media Economics, 1995, 8(2): 3-13。

③ Stephen Lacy, Walter E. Niebauer, Jr.. Developing and Using Theory for Media Economics [J]. The Journal of Media Economics, 1995, 8(2): 7-8。

在 1988 年至 1992 年的传媒经济学研究中，有理论基础（theoretical basis）的占大多数（TABLE1），其论文的主要目的是对已有理论进行理论检验（theory testing）（TABLE2），其中有传播学背景（communications）的学者所著文章中对经济学理论（economic theory）、传媒经济模型（mass media economics models）、建构中的理论（pretheory）①、管理学理论（management theory）、其他传播学模型（other mass communications models）的运用依次递减，而有经济学背景的学者，在其论文理论运用方面，只有对经济学理论和传媒经济模型的运用（各占 50%）（TABLE3）。

Chambers（1998 年）通过对 1988—1997 年的《传媒经济学学刊》（JOME）中的 124 篇论文的作者、参考文献情况进行统计分析，了解传媒经济学者群的基本状况（见图 1-2）：②③

研究发现，发文量前 9 位的作者，其发文数量占到了全部论文量的 33%（TABLE2）；在这些论文的参考文献中，被引次数最多的 15 本期刊，属于经济类的仅 3 本，新闻传播类杂志被引次数大大高于其他（TABLE3），且被引文献多为学术机构发表的文章（TABLE5），而被引文献的作者相对比较集中——在 1024 位被引文献作者中，排名前 16 位的贡献了 23% 的文章（TABLE4）。被引用次数最多的文章大多出现在 20 世纪 80 年代，且以传媒经济学者的文献居多（TABLE6）。

Albarran（1998 年）对传媒经济学以往的研究范式（微观经济学、产业组织理论、政治经济学、传播学、管理学）进行了归纳，提出了理论的不断发展、更实用的研究分析工具的创新以及对新技术发展的敏感是该学科继续发展所需

---

① 笔者认为这里的 pretheory 是 pre-theory 的另一种写法，是指某理论成熟以前，正在建构阶段中的理论，如："The theories of human nature from ancient philosophers can be divided into 2 types according to their development periods: The pre-theory period and theory forming period"；"pre-keynesian theory"。

② Todd Chambers. Who's on First? Studying the Scholarly Community of Media Economics[J]. The Journal of Media Economics，1998，11(1)：1-12。

③ Todd Chambers. Who's on First? Studying the Scholarly Community of Media Economics[J]. The Journal of Media Economics，1998，11(1)：6，7，8，10。

TABLE 1
Type of Publication Frequencies

Type of Publication	*Frequency*	%
Journal article	1,205	34.8
Book	852	24.6
Trade publication	465	13.4
Book chapter	245	7.1
Government/legal	196	5.7
News/magazines	117	3.4
Data source	83	2.4
Conference	80	2.3
Dissertation/thesis	41	1.2
Television program	8	.2
Other	169	4.9
Total	3,461	100

TABLE 2
Most Frequently Published Authors in *The Journal of Media Economics* (*JOME*)

Author (Solo or First)	*Number of Articles*	*Volume Number*
Lacy, Stephen	10	1, 2, 3, 4, 5, 7, 8, 10
Bates, Benjamin	5	1, 4, 6, 8
Brown, Alan	5	2, 6, 9
Picard, Robert	4	1, 4, 7, 9
Albarran, Alan	4	3, 6, 7, 9
Chan-Olmstead, Sylvia	4	1, 4, 9, 10
Powers, Angela	3	3, 6, 7
Wirth, Michael	3	2, 3, 8
Dupagne, Michel	3	5, 7, 10
Percentage of *JOME* total	33%	

TABLE 3
Core Sources Cited in *The Journal of Media Economics*

Source	*Source Type*	*Frequency*	*Cumulative %*
Journalism Quarterly	Communications journal	248	18%
Journal of Broadcasting & Electronic Media	Communications journal	157	29%
Journal of Communication	Communications journal	120	38%
The Journal of Media Economics	Communications journal	115	46%
Broadcasting & Cable	Trade magazine	114	54%
Variety	Trade magazine	88	60%
Newspaper Research Journal	Communications journal	48	63%
Association for Education in Journalism and Mass Communication	Academic conference	45	66%
Federal Communications Commission	Government document	40	69%
Press Concentration & Monopoly	Book	33	71%
U.S. Federal courts	Legal case	29	73%
U.S. Supreme court	Legal case	29	75%
American Economic Review	Economics journal	29	77%
Journalism Monographs	Communications journal	27	79%
Journal of Advertising Research	Communications journal	22	80%
Total number of sources		1,346	

图 1-2

要的。①

随后出版的一系列以传媒经济为研究主题的书籍中，如：Albarran，Alan B.（2002），*Media economics：Understanding markets，industries and concepts*；Picard，

① Alan B. Albarran. Media Economics：Research Paradigms，Issues，and Contributions to Mass Communication Theory[J]. Mass Communication & Society，1998(3)：117-129。

TABLE 4
Core Authors Cited in *The Journal of Media Economics*

Reference Author	*Frequency*	*Cumulative % (Approximately)*
Litman, B.	42	3%
Busterna, J., & Lacy, S.	41	8%
Picard, R.	40	10%
Bates, B.	29	12%
Levin, H.	20	13%
McCombs, M.	19	14%
Bagdikian, B., & Owen, B.	18	16%
Dimmick, J., Rothenbuhler, E., & Hazlett, T.	16	18%
Compaine, B., Porter, M., & Rosse, J.	15	21%
Park, R., & Scherer, F.	13	23%
Subtotal/percentage of total citations	371	23%

TABLE 5
Types of Different Citations in *The Journal of Media Economics*

Type of Source	*Frequency*	%
Scholarly sources	2,423	70%
Trade/industry sources	590	17.5%
Other/legal sources	448	12.9%
Total citations	3,461	100%

TABLE 6
"Most Frequent" Citations in *The Journal of Media Economics*

Busterna, J. C. (1988a). Concentration and the industrial organization model. In R. G. Picard, J. P. Winter, M. E. McCombs, & S. Lacy (Eds.), *Press concentration and monopoly: New perspectives on newspaper ownership and operation* (pp. 35–53). Norwood, NJ: Ablex.

Dimmick, J., & Rothenbuhler, E. (1984). The theory of the niche: Quantifying competition among media industries. *Journal of Communication, 34*(1), 103–119.

Litman, B. (1979). The television networks, competition and program diversity. *Journal of Broadcasting, 23*, 393–409.

Litman, B., & Bridges, J. (1986). An economic analysis of daily newspaper performance. *Newspaper Research Journal, 7*, 9–26.

McCombs, M. (1972). Mass media in the marketplace. *Journalism Monographs, 24*, 1–102.

Owen, B., Beebe, J., & Manning, W. (1974). *Television economics*. Lexington, MA: Lexington.

Owen, B., & Wildman, S. (1992). *Video economics*. Cambridge, MA: Harvard University Press.

Picard, R. (1989). *Media economics: Concepts and issues*. Newbury Park, CA: Sage.

Porter, M. (1980). *Competitive strategy: Techniques for analyzing industries, competitors and issues*. New York: Free Press.

Wirth, M., & Wollert, J. (1984). The effects of market structure on television news pricing. *Journal of Broadcasting, 28*, 213–224.

图 1-3

Robert G. (2002), *The economics and financing of media companies*; Alexander, Alison, James Owers, Rod Carveth, C. Ann Hollifield, Albert N. Greco (2004), *Media economics: Theory and practice*; Hoskins, Colin, Stuart McFadyen, Adam Finn

(2004), *Media economics: Applying economics to new and traditional media*; Croteau, David, William Hoynes(2006), *The Business of media: Corporate media and the public interest*; Doyle, Gillian(2007), *Understanding media economics* 等，都只是对传媒经济学中的一些经济学概念，具体的传媒企业(*The economics and financing of media companies*)、某类传媒产业(*Understanding markets, industries and concepts*; *Media economics: Applying economics to new and traditional media*)或某一地区的传媒产业(*Global Media Economics*)的生存、发展、创新等问题，或由批判的角度出发，对传媒企业的发展与社会公共利益间关系(*The business of media: Corporate media and the public interest*)等问题进行了研究与探讨。只有在 Alan B. Albarran, Sylvia M. Chan-Olmsted, Michael O. Wirth 等人于2006 年出版的 *Handbook of Media Management and Economics* 一书中，Picard 教授在该书第二章对传媒经济学的历史趋势和研究模式进行了梳理与归纳，见图 1-4。①

Fields of Inquiry in Communications Economics

	Theoretical and Applied Traditions		*Critical Traditions*
Level of Analysis	*Microeconomics*	*Macroeconomics*	*Meta*
Academic Foundations	Business economics and management	Economics and political economy	Communications, media studies and political economy
Foci of Analysis	Communication firms and consumers	Communication industries, government policies, general economy	Communications systems, culture, government policies
Issues Studied	Financial flow, cost structures, return issues, and decision making	Competition, consumption, efficiencies, and externalities	Social, political, and cultural effects of communications systems and policies

图 1-4

他从以往的传媒经济学研究中发现，在传媒经济学科发展中，有三个重要的

① Robert G. Picard. Historical Trends and Patterns in Media Economics[A]. //Alan B. Albarran, Sylaiv M. Chan-Olmsted, Michael O. Wirth. Handbook of media management and economics[M]. London: Lawrence Erlbaum Associates, 2005: 28, 30。

研究取向：理论研究取向(theoretical traditions)、应用研究取向(applied traditions)以及批判研究取向(critical traditions)，并从产业与市场(industry & market studies)、企业(company studies)和效果(effects studies)这三个研究维度总结出了常用的传媒经济学研究的方法。

Steven 在该书第 4 章对现代经济学和传媒经济学的范式与分析框架进行了简单的梳理。但在讨论到传媒经济学的研究方法与范式时，很难在经济学的研究方法上有所创新。

通过以上综述可发现，西方学者对传媒经济学的研究几乎集中于讨论该研究领域的基本研究状况(如研究者、研究机构、理论运用等)、传媒经济学的研究方法与范式建构这两方面，关于学科发展史的研究是不充分的，近几年这方面的研究基本停滞。相比较而言，中国传媒经济学者近几年对于这一领域的研究还比较活跃。

1.2.2 中国传媒经济学研究画像

与西方传媒经济这一话题被涉及的时间(20 世纪 20 年代)相同，我国学者关于传媒经济的探讨也始于此时。但和西方在起始阶段参与此类研究的学者多为经济学家不同，在我国，是新闻传播领域学者最早提出并探讨了这方面的议题，如戈公振、徐莹璜、成舍我、吴鼎昌等都对报业的经营活动(出版、发行、广告、盈利模式等)做了一定的讨论。这时学者们并未就此议题展开实质性的研究。但由于社会动荡和中华人民共和国成立后对传媒组织属性定位的问题，从 20 世纪 20 年代到 50 年代，关于传媒经济相关议题的讨论被两次提出又遭到两次中止。我国学者对这一研究领域的再次触碰出现在 80 年代，进行探讨的学者仍然都为传播领域的学者(如张达、陈力丹、周鸿铎等)。但当时研究的问题并未深入，研究内容有限且从事研究的学者人数较少，难以形成研究规模。直到 90 年代末期与 21 世纪初，随着我国传媒产业的快速发展、国家政策的变化，加入这一研究领域的学者越来越多，学科的建设也开始起步。因此，从 2002 年起，对我国传媒经济学研究的总结与反思、传媒经济学研究的历史回顾、研究方法与范式的探讨、理论框架的建构等问题就进入了很多高层学者的研究视野，到了 2005 年后，此类研究的研究成果更为丰富。除了对国外的书籍、文献进行翻译外，他们还从研究论文的数量、研究主题的变化、研究方法的运用等方面进行分析，并结合国外传媒经济学研究现状，找出了我国传媒经济学研究中存在的不足和发展方向；① 对西方传媒经济学的发展进行介绍，并由此找出我国传媒经济发展应走的道路；② 谈论了传媒经济的研究对象及方法，探讨其与经济学研究间的脉络传承与关系；③ 梁昊光(2002 年)对传媒经济学现有理论进行梳理，试图建构传媒经济学研究的理论框架；④ 李宜蓬(2012 年)构建了传媒经济学理论框架构成示意图(见图 1-5)。⑤

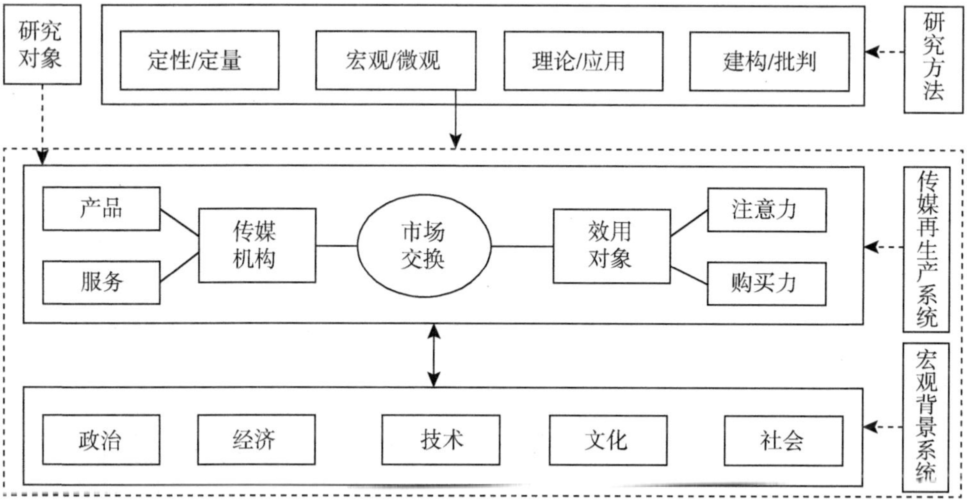

图 1-5

① 石义彬，周劲．传媒经济学研究的回顾与反思[J]．新闻与传播评论，2003(00)：236-248；强月新，郭韶明．我国传媒经济学研究的量化分析[J]．武汉大学学报(人文科学版)，2006，59(2)：245-248。

② 陈中原．传媒经济学研究的简要回顾[J]．新闻大学，2005(1)：9-12；昝廷全，刘静忆，王燕萍．传媒经济学研究的历史、现状与对策[J]．现代传播(中国传媒大学学报)，2007，149(6)：81-84。

③ 昝廷全．论传媒经济学与系统经济学之间的关系[J]．现代传播(中国传媒大学学报)，2006，139(2)：92-95；昝廷全．论传媒与传媒经济系统——兼谈传媒经济学的研究对象及方法[J]．现代传播(中国传媒大学学报)，2006，143(6)：93-97。

④ 梁昊光．传媒经济理论比较研究[J]．现代传播(中国传媒大学学报)，2002，155(2)：91-94。

⑤ 李宜蓬．传媒经济学研究的对象、方法与进路分析——对中国传媒经济学理论框架的建构研究[J]．现代传播(中国传媒大学学报)，2012，193(8)：104。

李宜蓬将传媒经济的研究方法与研究对象简单地结合在一起，并表现出来。崔保国(2012 年)也对传媒经济的理论范式进行了梳理与总结(见表 1-1)。① 将理论范式分为经济学范式、管理学范式以及传播学范式，并从这三个领域出发，对其学术基础、研究重点以及主要的研究议题做了详细的列举，以帮助传媒经济学研究者合理利用理论资源。

表 1-1

理论范式	学术领域	学术基础	研究重点	研究议题举要
经济学范式	微观经济学	微观经济学 传播学	传媒企业 消费者 市场需求	资金流向 成本结构 投资回报 战略决策
	宏观经济学	宏观经济学 政治经济学 统计学	经济 总产值 传媒产业	产业结构 产业布局 产业政策 社会文化影响
	产业经济学	产业经济学 传媒研究 统计分析	产业组织 产业结构 产业发展	投资回报率 传媒生态 产业升级
管理学范式	管理学	管理理论 传播学 文化研究	企业 效率 人力资源 战略管理	领导力 资本运营 体制机制 兼并收购
传播学范式	传播学	传播学理论 传媒研究 文化研究	媒介形态 媒体业态 传媒生态	媒介融合 资本运营 媒介生态 虚拟现实

① 崔保国. 传媒经济学研究的理论范式[J]. 新闻与传播研究，2012(4)：88。

喻国明教授自2007年起，每年都对上一年中国传媒经济的研究进行了回顾、分析与评价，总结出每年中国传媒经济学研究的热点问题，并指出今后的研究方向。① 从2011年开始，喻国明教授开始运用词频分析、共词分析、共引分析以及社会网络分析等方法对传媒经济学研究②以及1998—2009年的中国传媒经济学研究概况，由研究者、研究机构、学术期刊、研究问题这几方面做了详细梳理与归纳，③ 他开创性地将文献计量学的研究工具引入传媒经济学研究领域。

从以上对国外、国内针对传媒经济学这一学科的研究的综述可以看到，由于传媒经济学自身的发展，对传媒经济学研究的回顾、总结以及对其未来发展趋势的预测自然也成为学者们关注的一个问题。学者们主要都是从该学科的研究历史、研究对象、理论范式、研究现状等方面对传媒经济学研究进行梳理。西方学者这一方面的研究出现在20世纪90年代左右，近期没有新的成果出现。中国学者于21世纪开始，特别是2005年后重视了这一方面的研究，且近几年研究一直持续着。中西方学者均未构成传媒经济学研究发展历程的系统性研究，尤其是缺少对政治、经济等外在因素对本学科发展影响的研究，在已有的传媒经济发展研究中，在问题意识的突出方面、在研究领域的广度方面都有改进空间。

正因为已有的传媒经济学研究发展领域的成果都有着某些显著的不足，从而

---

① 喻国明，王斌．现实困顿之下的理性起步——2006年我国传媒经济学研究概述[J]．国际新闻界，2007(1)：16-19；喻国明，王斌．从“增量改革”到“语法革命”——2007年我国传媒经济学研究概述[J]．国际新闻界，2008(1)：16-19；喻国明，李彪．发展之困与“突围”之道——2008年我国传媒经济学研究概述[J]．国际新闻界，2009(1)：11-14；喻国明，王斌．传媒业变革节点的理论回应——2009传媒经济学研究关键词[J]．国际新闻界，2010(1)：12-15；喻国明，何睿．大数据时代传媒经济学研究框架及工具的演化——2012年我国传媒经济学研究文献综述[J]．国际新闻界，2013(1)：16-27。

② 喻国明．2010年中国传媒学术界关注了什么[J]．新闻与写作，2011(2)：60-63；喻国明，宋美杰．中国传媒业：发展状况、热点聚焦与未来走势——基于2010年关涉传媒业文本的高频词分析[J]．编辑之友，2011，172(2)：38-46；喻国明，宋美杰．传媒经济学研究的热点、局限与未来期待——2011年传媒经济学研究综述[J]．国际新闻界，2012(1)：13-18；喻国明．中国传媒业发展的地理空间语义网——社会视角下的2012中国传媒业的地域关键词[J]．新闻与写作，2013(2)：81-83。

③ 喻国明，宋美杰．中国传媒经济学研究的场域分析[J]．社会科学战线，2013(1)：155-166；中国传媒经济学研究的场域分析——基于共词分析与词频分析方法的探索[J]．文化与传播，2012(1)：1-11；中国传媒经济学研究的“学术地图”——基于共引分析方法的研究探索[J]．现代传播，2012，187(2)：30-38。

使得以一种新的视野重新梳理传媒经济学研究特别是中国传媒经济学研究的发展历程有了必要性与可能性。本书坚持学科史的视角，以有效地建构中国传媒经济学研究学科史为中心诉求，整合涉及中国传媒经济学研究形成、发展和扩散的学科内、外因素，分析中国传媒经济学研究的形成、发展和扩散与社会政治、经济间的互动，证明这一学科的建构过程就是学理发展与社会现实合力作用的结果，并力求建构更加合理的传媒经济学理论范式。

1.3　学科史的视角

1.3.1　学科史与科学发展模式

对于一学科的史的研究，是科学研究(自然科学、人文社会科学)的重要内容。自 19 世纪起，新学科分化过程中新建立的学科，其学科史研究就越来越受到学者们重视。① 学科史的研究，其实也是科学研究中最为重要的一部分。学科史的研究对象可以是整个科学知识发展过程的研究，可以是多个相关学科发展的研究，亦可以是某个学科发展的研究。它并非一个静态的截面，应为一个历史化的产物。“托马斯·库恩(T. S Kuhn)在为《国际科学史百科全书》撰写‘科学史’词条时，将科学史划分为科学内部史（internal history of science）与科学外部史(external history of science)。内部史关注科学知识之成长过程，而外部史则把科学放在社会文化背景中加以考察”。②

科学本身的内部发展历史，被称为科学的“内史”。而在科学史研究中，“内史论”认为科学自身的独立发展是研究者最应关注的角度。对科学发展的研究，其逻辑上的展开、概念框架的构建、研究方法的确立、学科理论的建立以及实验的顺利完成等，都是研究者应注重之处。它默认了科学的发展有其内在逻辑，而社会因素对科学发展的影响并不在其研究的考虑中，科学事实在时间轴上的前后联系才是最重要的。

---

① ［法］阿梅龙．建构中国近代学科的分析框架——西方学科史理论的借鉴[J]．史学月刊，2012(9)：19。

② 袁江洋．科学史的向度[J]．自然科学史研究，1999(2)：98。

社会的政治结构、经济状况、文化构成等这些因素对科学发展造成影响的这一过程被称为科学史的“外史”。倾向于“外史论”的研究者认为科学发展的外在环境因素对科学发展的速度、方向都带来了很大影响。社会、经济、政治、文化、宗教、军事等外在环境都可左右科学的发展。因此在研究科学史时，研究者应把科学的发展置身于这一更为复杂的环境当中来考量。

基于对科学发展“内史”与“外史”的理解，库恩勾画出一种“从科学研究活动本身的历史记载中浮现出来”的“大异其趣的科学观”：科学是一个动态的、历史的过程，科学的标准也是动态的、历史的。科学发展既不是单纯的积累过程，也不仅仅是革命，而是常规科学与科学革命交替进行的结果。库恩的科学发展模式可以表示为：

前科学(没有范式)→常规科学(建立范式)→科学革命(范式动摇)→新常规科学(建立新范式)①

这个发展模式中，“范式”这个概念显得格外耀眼。“范式”(paradigms)一词早在亚里士多德的《修辞学》中，就已是一个重要的概念，后来它更多地被翻译为“范例”(exemplum)的意思。20世纪30年代，维特根斯坦在剑桥大学演讲时，频繁地使用“范式”一词，让它走进了英语世界，受到某些英语分析哲学家的追捧。而在库恩的《科学革命的结构》一书出版后，“范式”一词才变得如此流行。②

但“范式”从开始，就由于其并不明朗的定义，受到很多人的质疑。英国学者玛格丽特·玛斯特曼(1966年)曾提出，库恩在《结构》一书中对“范式”有着21种不同的用法。③ 库恩(1974年)后来也回应道：自己在《结构》中对“范式”有22种用法。④ 但他将具有“(1)空前地吸引一批坚定的拥护者，使他们脱离科学活动的其他模式；(2)它们必须是开放性的，具有许多问题，以留待重新组成的一批实践者去解决”这两点特征的科学成就，称为范式。

---

① [美]托马斯·库恩. 科学革命的结构[M]. 李宝恒，纪树立，译. 上海：上海科学技术出版社，1980。

② [美]伊安. 哈金. 导读[A]. //[美]托马斯. 库恩. 科学革命的结构[M]. 金吾伦，胡新和，译. 北京：北京大学出版社，2012：12-14。

③ Margaret. Masterman. Nature of Paradigm[A]. //Imre. Lakatos, Alan. Musgrave. Criticism and Growth of Knowledge[M]. Cambridge: Cambridge University Press, 1970: 59-90。

④ [美]托马斯·库恩. 对范式的再思考[A]. //[美]托马斯·库恩. 必要的张力[C]. 范岱年，纪树立，译. 北京：北京大学出版社，2004。

而其中提到的“一批坚定的拥护者”“一批实践者”，库恩将他们用“科学共同体”来概括。科学共同体是学术活动的主体，是生产科学知识的主力军。他们应是由所受的学术训练和教育中的共同因素而结合，并探讨一些共同的话题且有所传承。其内部交流比较充分、专业看法也比较一致。①

库恩认为，“范式”规定了科学共同体所研究的问题和范围，未来的科学实践也将基于其上，是一种范式或一组范式决定了共同体内部专业交流不成问题、专业见解一致。在前科学时期，因为没有一个被共同接受的范式，所以科学家间存在分歧，科学共同体也无法形成。随着不同范式间的竞争，有一种范式得到了大多数科学家的认同，这也就形成了科学共同体公认的范式，从而进入了常规科学时期。在常规科学时期，科学共同体主要的任务是在范式的指导下从事释疑活动，即解难题，通过释疑活动推动科学的发展。而这一过程中，一些新事物、新问题不断产生，现有范式越来越无法释疑，最终导致某些科学家开始质疑该范式，这会动摇原有范式，因此建立新范式的科学革命随之产生。科学革命的结果就是拥有新范式的新科学共同体取代拥有旧范式的旧共同体，在新的范式下，科学研究又“常规化”，直到下一次科学革命的出现。而学科相关文献的增长，对我们更加直观地了解学科发展，起到了非常重要的作用。

1.3.2　本书撰写逻辑

基于前文对研究缘起及意义、相关研究综述以及理论资源与研究方法的梳理，对于中国传媒经济学研究这一研究对象，本书的研究思路如下：

首先，对传媒产业在国民经济中的地位进行论述，以明确世界范围内，传媒经济对一国国民经济有多大影响。特别要就本书主要研究对象中国和主要参照对象美国的传媒产业状况进行简要概括，来确定对传媒经济学研究发展来说最重要的“外因”——传媒产业——的整体情况如何。然后对传媒经济学研究的起始者——以美国为代表的西方传媒经济学研究发展及现状做简要回顾与分析。从研究者构成、研究机构情况等方面对其早期研究与当前研究分别进行论述，以作为

① 江涛．科学共同体“范式”概念的文化价值蕴涵[J]．自然辩证法研究，1997(9)：23；何琳．知识共同体、他的结构与功能[J]．自然辩证法研究，1998(12)：38；曾国屏，李正风，杜祖贻．当代科学共同体的分化与学术国际化问题的思考[J]．自然辩证法通讯，2002，142(6)：32-33。

中国传媒经济学研究发展情况的对比对象，从而发现中国传媒经济学研究的特点与不足。

其次，就本书的研究主题——中国传媒经济学研究，从历史的轨迹上进行梳理与分析。通过文献综述发现，中国传媒经济学大致有两个发展时期。第一个时期为20世纪20年代至50年代。在这30余年的时光中，个别新闻传媒学学者提出了传媒经济相关议题，但因现实变换，经历了两次起落；第二个时期则是80年代至今。从80年代起，中国传媒经济研究走上了连续发展之路。而笔者依据对中国传媒经济学研究的研究文献产出、研究机构、研究者以及研究内容的分析，将第二个时期分成了两部分：中国传媒经济学研究的“前科学”时期、中国传媒经济学研究的迅速成长期。对于这三个时期，都从政治、经济大背景入手，就每一时期传媒经济学的研究状况进行分析和研究，以确定每一阶段中国传媒经济学的研究概况和其特点，并阐述传媒经济学研究发展的“外因”与“内因”之间的相互作用和相互影响。

最后，通过对中国传媒经济学研究所面临的困境解读，试图构建出中国传媒经济学研究的研究范式。

第2章 西方传媒经济学研究的发展及其现状

在谈论中国传媒经济学研究发展前，对于传媒经济学研究的先行者以及研究重镇——西方传媒经济学，其研究的内外环境、研究发展及研究现状同样值得进行梳理与分析，以此作为中国传媒经济学研究的对比与参照对象。

2.1 传媒产业——国民经济发展中的绚烂明珠

在导论中已提到，学科发展过程中，社会、经济、政治等外在因素对其发展方向与发展进度有着重要影响。就传媒经济学研究而言，在学科发展过程中，对其影响最大的外因无疑是其研究主体：传媒经济的发展状况。传媒经济或传媒产业的繁荣与否，直接关系着研究者对这一研究领域的关注程度以及政策制定者对这一经济领域的重视程度。只有欣欣向荣的传媒经济、传媒产业才能在政治上、经济上、社会中获得更高的地位，从而在学界中得到更多的关注，以作为推动传媒经济学研究的一大动因。

2.1.1 交融于文化产业中的传媒产业

前文已经定义，由传媒机构为中心所引起的相关经济活动或经济现象称为传媒经济。因此似乎可以推论，在国民经济中与传媒机构相关的产业，如新闻业、报纸产业、期刊产业、出版产业、电视产业、广播产业等作为传媒实体进行相关经济活动的产业都统称为传媒产业。而在了解全球传媒产业发展状况时笔者发现，无论是国际组织还是各国官方，其对传媒产业的界定或考量，都将其划入了文化产业这一大范畴内，成为文化产业中不可分割且极其重要的一部分。所以，在我们考量传媒经济、传媒产业发展现状时，不得不将其与文化产业一并进行观察。

文化产业一词最早出现在法兰克福学派对于文化工业的批判理论中。在霍克海默(Max Horkheimer)和阿多诺(Adorono)所著的《启蒙辩证法》(*Dialectic of Enlightenment*)一书中(1947年)，首次提出了文化工业或文化产业(culture industry)这个词。书中认为文化工业由于受到资本的影响，需要满足投入其中的资本的需求和有创造更多资本的义务，因此文化工业会培养出人们虚假的需求，从而丧失了作为艺术本质的否定与超越精神。法兰克福学派的观点大多集中于文化商品的大众消费带来的文化的和社会的影响。① 但随着社会经济的发展，文化产业在发达国家国民经济中的地位变得十分重要，它对于一个国家就业岗位的创造、出口产值的增加等方面的贡献也越来越大，文化产业在欧美许多国家已逐渐成为其支柱性产业。因此法兰克福学派的这种批判性的观点也显得越发狭隘。第二次世界大战期间，很多法兰克福学派的成员流亡到了美国，面对美国文化产业的高度发达，他们对于文化产业批判的理论也显得缺乏现实的指导意义。② 战后，以约翰·菲斯克(John Fiske)、赫伯特·甘斯(Herbert J. Gans)为代表的美国的文化产业理论的发展也就自然弱化了法兰克福学派中的批判精神，他们认为将革新中的传统文化融入全球资本主义的利益和进步中去具有十分重要的意义。20世纪80年代，当文化产业被视为整个社会经济政策的一部分时，以英国伯明翰学派为代表的英国文化研究对法兰克福学派关于文化产业理论中的负面的和悲观主义的倾向进行了重新思考，他们肯定了文化产业在社会发展中的积极作用，③ 并强调其商业性质。

随后，国际组织或各国官方对"文化产业"虽有不同的定义，但都不约而同地对其从非商业性质与商业性质两方面进行了考量。

联合国教科文组织认为：文化产业是指生产和销售文化产品或服务的产业。根据联合国教科文组织2005年通过的《保护和促进文化表现形式多样性公约》的表述，文化活动、产品与服务是指"从其具有的特殊属性、用途和目的考虑时，

---

① 丹增．文化产业发展论[M]．北京：人民出版社，2005：7。

② 李思屈．文化产业概论[M]．杭州：浙江大学出版社，2007：25。

③ 李思屈．文化产业概论[M]．杭州：浙江大学出版社，2007：24。

体现或传达文化表现形式的活动、产品与服务，无论他们是否具有商业价值”。文化产业包括图书和音乐出版、电影及音像制品生产以及多媒体制作、手工工艺和设计行业。在纳入建筑及造型艺术、表演艺术等其他艺术种类后，“文化产业”的概念延伸为“创意产业”。①

欧盟把文化与创意产业合为一体来考虑，对于文化创意产业(Cultural and Creative Industries，CCI)的定义，在欧盟 2010 年发表的《释放文化创意产业的潜能》绿皮书中是这样描述的：文化产业是指那些生产和销售在开发时就被认为具有特定属性、用途或目的，体现或传达文化表现形式的商品或服务的行业，且无论这些商品或服务是否具有商业价值。除了传统的艺术门类(表演艺术、视觉艺术、文化遗产等)，它还包括电影、DVD 和视频、电视、广播、视频游戏、新媒体、音乐、书籍和新闻这些内容。而创意产业是指那些将文化作为一种输入，来使其具有文化维度的行业，它包括建筑、设计、广告等。②

美国对文化产业没有官方的界定，一般用版权产业(copyright industry)来代替文化产业这一说法。根据美国国际知识产权联盟(IIPA)的定义，它将“全部版权产业”(total copyright industries)分为四大部分：“核心版权产业”(core industries)、“部分版权产业”(partial copyright industries)、“边缘版权产业”(non-dedicatedsupport industries)与“相关版权产业”(interdependent industries)。而代表那些主要目的是创造、生产、发行或展示版权产品的产业，包括报纸、图书、期刊、电影、唱片(录音带)、音乐出版、广播电视播放以及计算机软件(包括商业性软件和娱乐软件)等的核心版权产业③就是我们所理解的传媒产业。

加拿大政府对于文化产业的统计，是在联合国教科文组织关于文化统计框架基础上，选取了北美产业分类(North American Industry Classification System)中的文化产业(NAICS 51)与艺术、娱乐和消遣行业(NAICS 71)两大类。④ 它主要包括出版、广播、电影、电视、图书、杂志、音像等在内的印刷、生产、制作、广告及发行；以及表演艺术、视觉艺术、博物馆、图书馆、档案馆、书店等在内的服

---

① 联合国教育、科学与文化组织网站，http：//www. unesco. org/new/en/。

② GREEN PAPER—Unlocking the potential of cultural and creative industries，European Commission. Brussels，2010。

③ IIPA：Copyright Industries in The U. S. Economy—The 2003-2007 Report，第 9 页。

④ 加拿大产业部网站，http://www. ic. gc. ca/cis-sic/cis-sic. nsf/IDE/cis-sic51defe. html。

务，并包含着信息网络和多媒体等内容。①

英国政府认为，出自个人的创造性、技能及智慧和通过对知识产权的开发、生产可创造潜在财富和就业机会的活动都可概括为文化产业。他们用创意产(creative industry)来代指文化产业，主要包括了出版、音乐、表演艺术、电影、电视广播、游戏软件、广告、建筑、设计、时装、艺术品等十几个行业。②

中华人民共和国原文化部2003年9月4日颁布的《关于支持和促进文化产业发展的若干意见》将文化产业定义为："从事文化产品生产和提供文化服务的经营性行业。文化产业是与文化事业相对应的概念，文化产业是社会生产力发展的必然产物，是随着我国社会主义市场经济的逐步完善和现代生存方式的不断进步而发展起来的新兴产业。目前，我国的文化产业已经形成演出业、影视业、音像业、文化娱乐业、文化旅游业、网络文化业、图书报刊业、文物和艺术品业以及艺术培训业等行业门类。社会主义文化产业的要求把社会效益放在首位，努力通过市场实现文化产品和文化服务的经济价值。"③

国家统计局国统字〔2004〕24号《国家统计局关于印发〈文化及相关产业分类〉的通知》指出，"从广义上讲，文化是指人类创造的一切物质产品和精神产品的总和；狭义上是指语言、文学、艺术及一切意识形态在内的精神产品。《文化产业分类》从国家有关方针政策和课题组的研究宗旨出发，结合我国的实际情况，将其概念界定为：为社会公众提供文化、娱乐产品和服务的活动，以及与这些活动有关联的活动的集合"。④"据上述界定，文化及相关产业的范围包括提供文化产品(如图书、音像制品等)、文化传播服务(如广播电视、文艺表演、博物馆等)和文化休闲娱乐(如游览景区服务、室内娱乐活动、休闲健身娱乐活动等)的活动，它构成文化产业的主体；同时，还包括与文化产品、文化传播服务、文化休闲娱乐活动有直接关联的用品、设备的生产和销售活动以及相关文化产品(如

① 戴茸，王晓山．加拿大的多元文化政策及文化产业管理[A]．//2001—2002年中国文化产业报告[M]．北京：社会科学文献出版社，2002。

② 刘吉发，岳红记．文化产业学[M]．北京：经济管理出版社，2005：18。

③ 资料来源：《文化部关于支持和促进文化产业发展的若干意见》(2003年)。

④ 资料来源：《国家统计局关于印发〈文化及相关产业分类〉的通知》(国统字〔2004〕24号)。

工艺品等)的生产和销售活动，它构成文化产业的补充”。①

以上介绍使得我们更加确定，国际组织、各国政府对于“文化产业”的界定虽有所区别，但以新闻业、报纸产业、期刊产业、出版产业、电视产业、广播产业、电影产业、新媒体产业、广告业以及传媒服务业②作为传媒实体，并借此传播各类信息、知识的传媒产业无疑是文化产业中不可或缺的一部分，无疑是文化产业的重中之重。文化产业的繁荣与传媒产业的发展应是相辅相成、相互促进的。

2.1.2　文化产业、传媒产业在国民经济中的重要地位

人类社会进入后工业时代，第三产业对社会经济的贡献率越来越大。在第三产业中逐步发展起来的，以新闻出版、文化娱乐、影视及音像制品、文化旅游等为主体的文化产业成为社会经济发展的一个新的经济增长点，成为国际经济学界公认的“朝阳产业”。20 世纪 90 年代以来，文化产业成为世界经济发展最快的产业之一。世界各国尤其是欧美发达国家的文化产业发展更为迅速，并已逐步发展成为国民经济的重要支柱产业。

世界知识产权组织(WIPO)2011 年对全球 30 个发达(6 个)、发展中与欠发达国家或地区(24 个)的统计显示，在这些国家与地区中，文化产业(其报告中使用了版权产业这样概念)对本国 GDP 的平均贡献率为 5.4%，其中美国与澳大利亚最高，比重超过了 10%；秘鲁、文莱占比最低，文莱文化产业对其 GDP 的贡献率还不到 2%。有 3/4 的国家这一比率在 4%与 6.5%之间(见图 2-1)。

而在文化产业增加值对该国 GDP 贡献率超过均值 5.4%的 13 个国家中，匈牙利、中国、巴拿马、俄罗斯、马来西亚、罗马尼亚、不丹都不属于传统的发达国家，6 个被调查的发达国家其贡献率全都超过了均值。这说明文化产业在发达国家、发展中国家与欠发达国家中，都可以很好发展，其对国民经济的贡献都能较大。但总体来说，发达国家的文化产业发展更为成熟，其贡献率普遍更高。文

① 资料来源：《国家统计局关于印发〈文化及相关产业分类〉的通知》(国统字〔2004〕24 号)。

② 国家统计局《中国传媒产业统计分类标准及统计代码》(2004 年)。

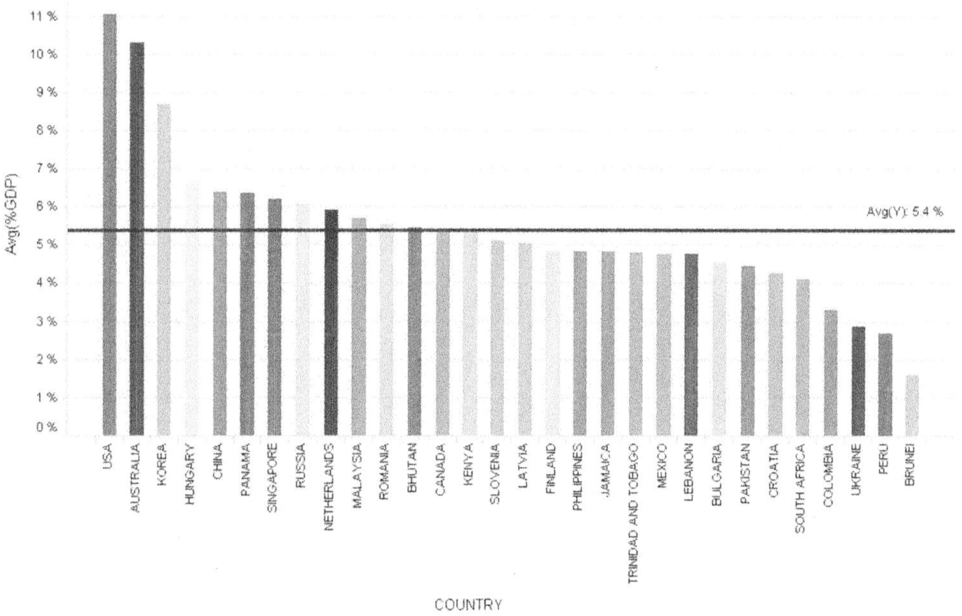

图 2-1　各国文化产业增加值对 GDP 贡献率图①

化产业不仅对各国 GDP 有着卓越的贡献，它还为各国提供了大量工作岗位，在提高就业率方面也起到了举足轻重的作用。

由图 2-2 可知，文化产业对各国就业人口的贡献率平均值为 5.9%。排名前 3 位的菲律宾、不丹、荷兰比值都超过了 10%；乌克兰的这一数值最低，还未达到 2%。有 3/4 的国家其贡献率在 4%~7%。值得注意的是，在文化产业对国家就业人口的贡献率超过均值 5.9%的 13 个国家或地区中，有 8 个国家或地区不属于发达国家，而超过均值的 5 个发达国家，其排名分别为第 4、5、6、10、13 位。这说明，在文化产业对各国就业人口的贡献率上，发展中与欠发达国家与地区的优势更为明显。

在文化产业蓬勃的发展过程中，以图书、期刊、电影、唱片(录音带)、音

① World Intellectual Property Organization (WIPO). Copyright+Creativity=Jobs and Economic Growth—WIPO Studies on The Economic Contribution of Copyright Industries, 2012: 3。

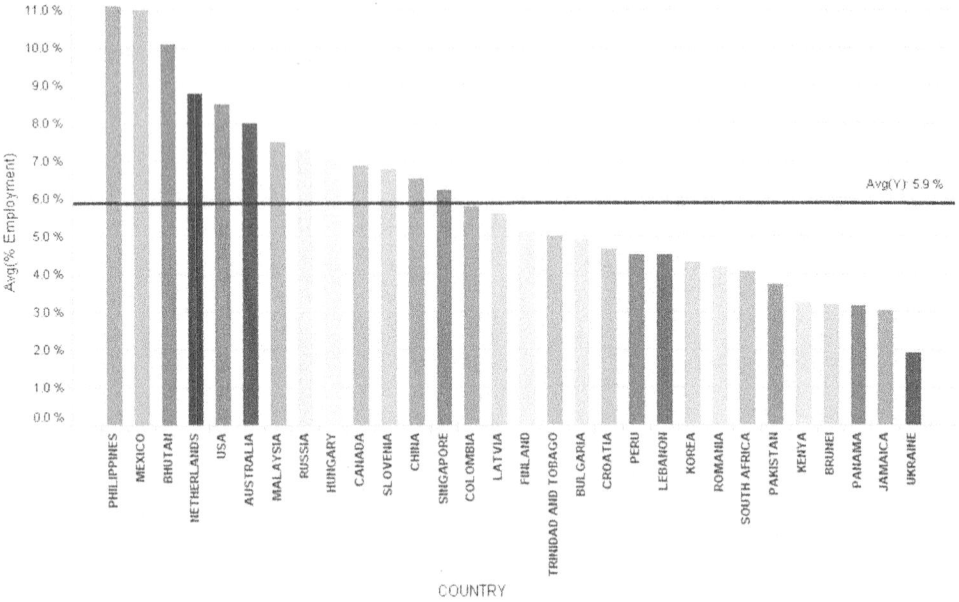

图 2-2　各国文化产业对国家就业人口的贡献率图①

乐出版、广播电视、广告为主要内容的传媒产业(或被称为核心版权产业)也随之壮大，或者可以说，是其发展的强大推动力。

由图 2-3 可知，在被调查的 30 个国家与地区中，其传媒产业增加值对国家 GDP 的贡献率均值为 3.06%，远超过非核心版权产业 2.4%的贡献率，② 占文化产业贡献率的一半以上。其中，澳大利亚的传媒产业贡献率最高，超过了 7%，美国其次，也达到了 6%以上；文莱排在最后，其贡献率还不到 1%；在传媒产业增加值对该国 GDP 贡献率超过均值 3.06%的 13 个国家中，6 个发达国家均进入，且除芬兰、新加坡外，其他发达国家的传媒产业增加值对 GDP 的贡献率都超过了 4%。

① World Intellectual Property Organization (WIPO). Copyright+Creativity=Jobs and Economic Growth—WIPO Studies on The Economic Contribution of Copyright Industries, 2012: 4。

② World Intellectual Property Organization (WIPO). Copyright+Creativity=Jobs and Economic Growth—WIPO Studies on The Economic Contribution of Copyright Industries, 2012: 17。

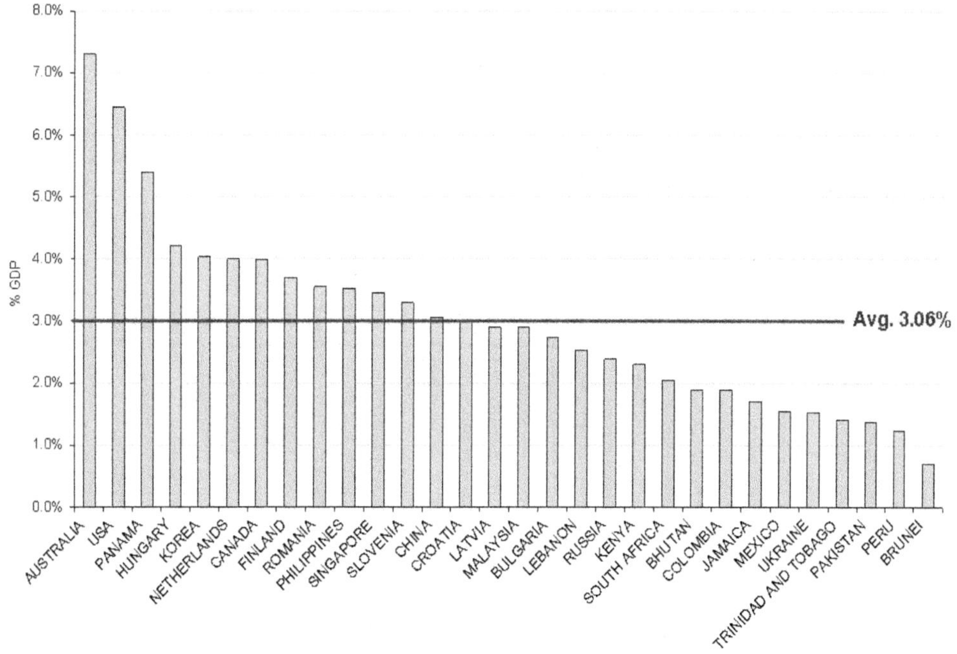

图 2-3 各国传媒产业增加值对 GDP 贡献率图①

从图 2-4 所代表的传媒产业对该国就业人口贡献率图中可知，这一数据的均值为 3.15%，超过非核心版权产业 2.6%的贡献率，② 同样占到文化产业贡献率的一半以上。菲律宾和新西兰的传媒产业对其就业贡献最高，超过了 6%；而巴基斯坦的传媒产业对该国就业人口的贡献率最低，还不到 1%。6 个发达国家传媒产业对其就业人口的贡献率都超过了 4%，远高于 3.15%的平均值。

可见，在世界范围内，无论是发达国家还是发展中或欠发达国家或地区，文化产业都是其国民经济中的重要组成部分，对该国经济有着直接(GDP 贡献率)

① World Intellectual Property Organization (WIPO). Copyright+Creativity=Jobs and Economic Growth—WIPO Studies on The Economic Contribution of Copyright Industries, 2012: 14。

② World Intellectual Property Organization (WIPO). Copyright+Creativity=Jobs and Economic Growth—WIPO Studies on The Economic Contribution of Copyright Industries, 2012: 17。

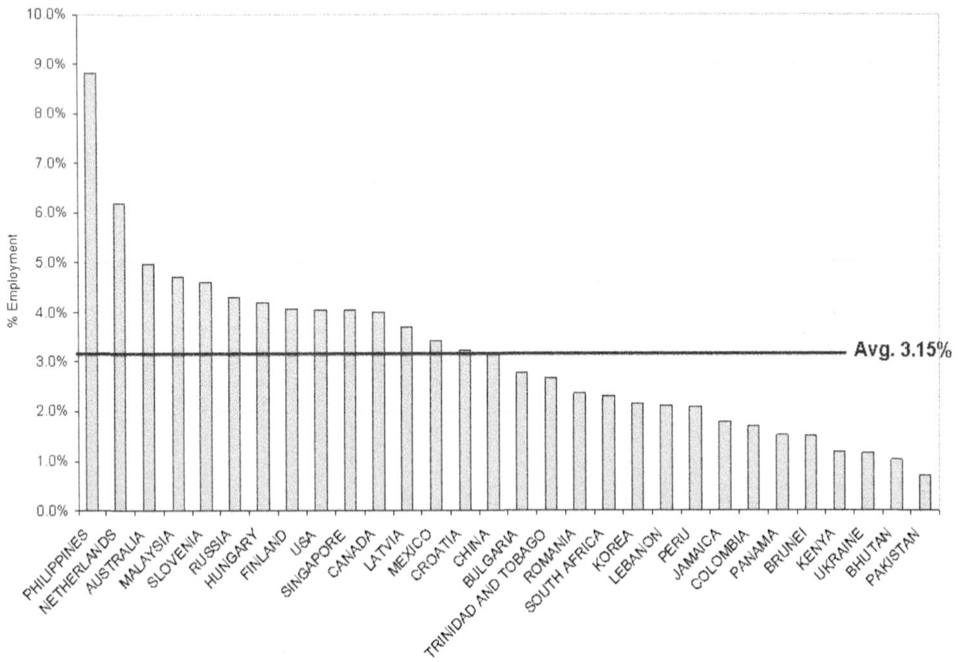

图 2-4　各国传媒产业对国家就业人口的贡献率图①

与间接(就业人口贡献率)的贡献。且传媒产业是文化产业的核心部分这一现象是普遍存在的。而文化产业与传媒产业的互动发展，传媒产业对文化产业的巨大拉动力，在发达国家中的表现就更为明显。

世界发达国家都认为，文化产业作为新的经济增长点，发展最快，效益最好，最为有利可图。人类社会跨入 21 世纪以后，世界上文化产业的发展势头更是有增无减。资料显示，日本的文化产业已超过汽车制造业，英国的文化产业也超过了传统的机械制造业。

作为全球经济第一大国、文化产业第一大国，且都具有绝对霸权地位的美国，在其最富有的 100 家企业中，有 72 家与文化产业(即版权产业)有关。统计资料还显示，1998 年美国出口收入占第一位的产业不是航空航天，不是汽车制

① World Intellectual Property Organization (WIPO). Copyright+Creativity=Jobs and Economic Growth—WIPO Studies on The Economic Contribution of Copyright Industries, 2012: 15。

造业，也不是计算机，而是音像制品业，包括影视作品、MTV 等。版权产业在美国国民生产总值中的占比也在其第三产业中名列前茅。

如表 2-1 所示，2006 年，美国版权产业增加值就超过了 15000 亿美元，达到 15251 亿美元。2006 年至 2012 年，版权产业在美国 GDP 中的比重都在 11%以上，甚至在遭受金融危机严重影响的 2008 年、2009 年，这一比值也得到保持。在金融危机后，其版权产业在国民生产总值中的比重又出现上升趋势，直至 2012 年，增加值达到 17652 亿美元，占其 GDP 的 11.25%。超过十分之一的比重体现了美国版权产业对其社会经济具有决定性的重要影响。

表 2-1 **美国版权产业增加值与 GDP 占比表(2006—2012 年)**① 单位：十亿美元

年份	2006	2007	2008	2009	2010	2011	2012
版权产业 (Total Copyright Industries)	1525.1	1583.6	1593.0	1541.6	1596.2	1681.9	1765.2
国民生产总值 (Total U.S GDP)	13870.5	14061.8	14369.1	13973.7	14498.9	15075.7	15684.8
在 GDP 中占比 (Total Share of U.S GDP)	11.05%	11.26%	11.09%	11.03%	11.01%	11.16%	11.25%

而美国核心版权产业(即传媒产业)对 GDP 的贡献率更是达到 6.3%以上，它对美国经济和美国版权产业的影响力大大超过了“部分版权产业”“边缘版权产业”以及“有关版权产业”，是美国经济发展的强大助推器。表 2-2 告诉我们，2011 年、2012 年，美国核心版权产业增加值在 GDP 中的占比还在继续上升，并达到 6.48%这一新高。说明美国核心版权产业，既传媒产业的发展势头依旧强劲。

作为“朝阳产业”，版权产业在美国的年增长值都高于其 GDP 的增长值(见表 2-3)，它拉动着美国经济的发展。

① 数据来源：International Intellectual Property Alliance(IIPA). Copyright Industries in The U.S. Economy—The 2003-2007 Report; Copyright Industries in The U.S. Economy—The 2011 Report; Copyright Industries in The U.S. Economy—The 2013 Report。

表 2-2　　美国核心版权产业增加值与 GDP 占比表(2006—2012 年)①

单位：十亿美元

年份	2006	2007	2008	2009	2010	2011	2012
核心版权产业(Core Copyright Industries)	889. 1	904. 3	913. 9	884. 8	910. 4	965. 1	1015. 6
在 GDP 中的占比(Core Share of U. S GDP)	6. 35%	6. 43%	6. 36%	6. 33%	6. 28%	6. 40%	6. 48%

表 2-3　美国版权产业、核心版权产业与国民生产总值年均增长率(2005—2012 年)②

年份	2005—2006	2006—2007	2007—2008	2008—2009	2009—2010	2010—2011	2011—2012
版权产业(Total Copyright Industries)	7. 86%	7. 91%	2. 39%	-2. 07%	4. 21%	6. 07%	3. 91%
核心版权产业(Core Copyright Industries)	5. 85%	7. 26%	3. 05%	-3. 07%	5. 67%%	5. 0%	4. 32%
国民生产总值(U. S GDP)	2. 78%	2. 03%	0. 00%	-2. 63%	2. 39%	1. 81%	2. 21%

2005 年至 2010 年，美国 GDP 的平均增长率仅为 1. 01%，而版权产业在这五年间的平均增长率却达到了 4. 06%，核心版权产业的平均增长率也有 3. 31%；而在 2009 年至 2012 年这四年间，美国 GDP 的平均增速上升到 2. 14%，其版权产业平均增长率也上升到 4. 99%，核心版权产业这四年的平均增长率也上升了 1. 42%，达到 4. 73%。

主导产业(leading sectors)这一概念，是由美国发展经济学家赫希曼最早提

① 数据来源：International Intellectual Property Alliance (IIPA). Copyright Industries in The U. S. Economy—The 2003-2007 Report; Copyright Industries in The U. S. Economy—The 2011 Report; Copyright Industries in The U. S. Economy—The 2013 Report。

② 数据来源：International Intellectual Property Alliance (IIPA). Copyright Industries in The U. S. Economy—The 2003-2007 Report; Copyright Industries in The U. S. Economy—The 2011 Report; Copyright Industries in The U. S. Economy—The 2013 Report。

出，随后，罗斯托在《经济增长的阶段》一书中，对这一概念做了详细地阐释，他认为主导产业，或称为关键部门有以下特点：(1)具有高创新率，即能迅速地引入技术创新或制度创新；(2)具有高速增长的能力，其增长率较整个经济的增长率高；(3)具有很强的带动其他产业部门发展的能力，即具有很高的“扩散效应”。① 它是处在产业结构中的主体地位，发挥引导和支撑产业作用的产业。

从上文的分析中可发现，对于文化产业来说，传媒产业无疑是作为其主导产业而存在的。我们将世界第一大发达国家、第一大经济体——美国与世界第一大发展中国家、第二大经济体——中国，这两国的文化产业与传媒产业数据做个对比分析，得到表 2-4。

表 2-4　**2005—2012 年中美传媒产业增加值在其文化产业(版权产业)增加值中占比情况表②**

年份	2005	2006	2007	2008	2009	2010	2011	2012
中国传媒产业在文化产业中占比	58.36%	65.11%	58.45%	55.22%	56.51%	53.40%	47.32%	42.05%
美国核心版权产业在版权产业中占比	57.75%	58.30%	57.10%	57.37%	57.39%	57.04%	57.38%	57.53%

从表 2-4 可以发现，对于中美两国，其传媒产业(核心版权产业)年增加值在文化产业(版权产业)中的比重大多超过了 50%，远远高于文化产业中的其他产业部门。这给予了传媒产业在文化产业中不可撼动的核心地位。

这样一个强势的存在，再加上文化产业对国民经济发展的巨大作用，可判断

① 冯江华，王峰．主导产业、优势产业和支柱产业辨析[J]．生产力研究，2000(3)：72。

② 数据来源：国家统计局发布相关信息；崔保国．中国传媒产业发展报告(2011)[M]．北京：社会科学文献出版社，2011；崔保国．中国传媒产业发展报告(2012)[M]．北京：社会科学文献出版社，2012；崔保国．中国传媒产业发展报告(2013)[M]．北京：社会科学文献出版社，2013。International Intellectual Property Alliance (IIPA). Copyright Industries in The U.S. Economy—the 2003—2007 Report; Copyright Industries in The U.S. Economy—the 2011 Report; Copyright Industries in The U.S. Economy—the 2013 Report。

出：在全球范围内，特别是在发达国家中，传媒产业无疑是国家经济发展中的一颗绚烂明珠，它不仅闪闪发光，而且具有巨大的价值。

因此，在传媒产业欣欣向荣，呈现一片繁荣之际的今天，它作为影响传媒经济学研究发展进程的主要外因，无疑推动了传媒经济学研究的成长与成熟。政策大力支持、社会发展需要以及产业规模巨大都为当今传媒经济学研究提供了一个十分理想的外部环境。以美国为主要力量的西方传媒经济学研究就是在这样一个全球传媒经济大繁荣的背景下发展、成熟的。

通过导论中的研究综述可看出，全球传媒经济学研究起源于西方、发展在西方，且现今西方相关学者、相关研究机构仍是传媒经济学研究的核心。其对传媒经济学研究的贡献无论是在论文数量、论文质量还是在专业学术期刊创办上都有着无可替代的支撑作用。而要谈中国传媒经济学研究的发展，对西方传媒经济学研究的发展与现状的梳理、分析是需要解决的首要问题。中国传媒经济学的起步晚于西方传媒经济学，在我国传媒经济学学者对西方传媒经济学发展历程、现状都有着持续的研究与关注(如：石义彬(2004)，陈中原(2005)，昝廷全(2006、2007)，强月新(2006)等)，西方传媒经济学对我国传媒经济学发展有着深刻的影响。因此，了解西方传媒经济学研究显得至关重要。

2.2　西方传媒经济学研究的兴起与早期研究

对于西方传媒经济学研究的分期，传媒经济学者罗伯特·皮卡特教授在讨论传媒经济学研究历史时，认为 20 世纪 70 年代是传媒经济学研究的早期。80 年代开始，研究主题、内容以及参与学者都逐渐丰富。到了 90 年代，学术研究重点出现转移，更多的研究方法被应用，更多的研究问题被涉及，而传媒经济学学科建制也从此时开始，传媒经济教育在全球范围的高校中展开。① 我国传媒经济学学者(陈中原、昝廷全)在对以美国为代表的传媒经济学发展进行回顾时，也都是在皮卡特教授所做的分期上进行研究的。因此可以说，学界上对西方传媒经济学发展阶段有了统一的认同，即 20 世纪 70 年代以前的早期研究阶段；20 世纪

① 杭敏、[瑞典] 罗伯特·皮卡特. 传媒经济学研究的历史、方法与范例[J]. 现代传播，2004，4(135)：26-27。

70—80 年代的缓慢发展阶段；20 世纪 90 年代以后的走向成熟阶段。

因此，在对西方传媒经济学研究进行梳理时，笔者在此基础上将西方传媒经济学研究分为兴起与早期研究即 20 世纪 90 年代以前的传媒经济学研究和成熟与范式建构即 20 世纪 90 年代以后的传媒经济学研究两个阶段。

2.2.1 经济学家的介入

由前文的研究综述中了解到，美国学者关于传媒经济领域问题的研究早在 20 世纪 20 年代就已触及。从 20 年代起，威斯康星大学的 Jome Hiram Leonard 教授(《广播产业经济学》(1925 年))①、明尼苏达大学的 Vaile Roland Snow 教授(《广告经济学》(1927 年))②等经济学学者最先开启了这一领域的研究。随后《广播产业中的竞争》(1952 年)、《电视片生产与发现的经济学》(1960 年)③等著作的出版，都标志着经济学家从不同媒体入手，展开了对于传媒相关产业的研究。“报业经济学”“广播经济学”“电视经济学”等概念相继出现。

笔者分别以“报业”(newspaper)、“广播”(broadcasting)、“电视”(television)等传媒类型为主题词，在美国社会科学引文索引(Social Sciences Citation Index, SSCI)期刊目录下，搜索 20 世纪 90 年代以前在这些主题词下，同时以“经济”(economics)或“管理”(Management)为主题的论文，共得到 72 篇。④ 其中研究方向中被划分为传播类的论文仅 10 余篇。且通过对论文发表期刊的统计可发现，在发文频次数超过 1 次的论文来源期刊中，新闻传播类期刊仅有一本：新闻学季刊(*Journalism Quarterly*)，其余的几乎都为经济管理类期刊；在研究者发文频次排名中，来自莱斯大学(Rice University)拥有经济学博士学位的经济学教授 Stanley M. Besen 以两篇文章排在第一位，他以研究有线电视经济学、电信产业政策而闻名于世。而发文频次为两次的研究者一共仅有三位。其余研究者在这一

① Jame Hiram Leonard. Economics of the radio industry[M]. Chicago, New York: A. W. Shaw Company, 1925。

② Vaile Roland S. Economics of advertising[M]. New York: Ronald Press Company, 1927。

③ Bernstein, Irving. The economics of television film production and distribution[M]. Sherman Oaks, Calif, 1960。

④ 数据来源：通过在 SCI/SSCI 所发行的互联网数据库 WEB OF SCIENCE(http://apps.webofknowledge.com)进行相关检索所得。

时期的相关论文数量均为一篇。

据学者统计，这段时期有许多诺贝尔经济学奖得主也就传媒经济相关领域进行过研究。① 特别是 1959 年，当时在弗吉尼亚大学任教的 Ronald H. Coase 发表了其著名论文《联邦通讯委员会》(*The Federal Communications Commission*)，他在文中批评了当时的广播电视波段拍卖制度，认为这种制度安排提高了交易成本，从而影响了社会成本，他认为财产产权应是更有效的频率分配方案;② 1979 年，已成为芝加哥大学教授、美国经济学会杰出会员的科斯发表了关于美国广播业垄断的研究论文(*Payola in Radio and Television Broadcasting*)。③ 1991 年，瑞典皇家科学院基于他在这些论文基础上继续的关于社会成本问题研究的突出贡献，将当年的诺贝尔经济学奖授予他。

结合上面的统计，拥有经济学学科背景的研究者是最早接触西方传媒经济学这一研究领域的，他们在西方传媒经济学的早期研究中占据了十分重要的地位。

2.2.2　各自分散独立的研究格局

对上文提及的 72 篇论文继续进行分析可发现，波士顿学院(Boston Coll)、密歇根州立大学(Michigan State Univ)、莱斯大学和亚利桑那大学(Univ Arizona)是唯一四所发文频次高于 1 次的高校。它们在这段时期的发文频次均为两次。再结合研究者发文频次情况，可见这段时期西方传媒经济学相关研究呈现出非常分散的状态，既没有主要研究者、研究机构凸显，又十分缺乏研究者、研究机构间的合作。这一发现与研究者们(如皮卡德、陈中原、昝廷全)对于传媒经济学早期研究所呈现的特点描述是一致的。

由于早期研究者中经济学学者为大多数，当时经济学研究的主流取向同样影响或者是决定了传媒经济学的研究取向。这时在西方经济学研究中，新古典主义经济学仍然是其主流，因此依循新古典主义经济学传统，以微观经济学理论为主要理论资源的"应用"研究是这一时期传媒经济学研究的主要内容。从搜索到的

① 陈中原．传媒经济学研究的简要回顾[J]．新闻大学，2005(1)：10。

② R. H. Coase. The Federal Communications Commission[J]. Journal of Law and Economics, 1959, 2: 1-40。

③ R. H. Coase. Payola in Radio and Television Broadcasting [J]. Journal of Law and Economics, 1979, 22(2): 269-328。

论文可看出，这一阶段的“应用”研究内容主要是围绕着传媒作为市场主体的市场行为展开，研究内容主要涉及三方面：一是传媒产品生产和消费研究，解释经济要素如何影响传媒产品的生产和消费，以科斯对广播电视波段交易成本与制度关系的研究为代表(Coase，1960 年)。二是特定传媒组织的市场营销研究，关注发行成本与收益、受众市场特征、广告投放策略等问题，如有学者探讨商业电视广告投放的最佳途径等问题(Arrow，1965 年)。三是传媒竞争研究，不少学者深入研究了传媒组织间的市场竞争策略、传媒的并购和集中问题。其中 Picard 的《出版的集中与垄断：以新的视角审视报纸的所有权及经营》(1989 年)和 Alfonso 的《欧洲市场上媒体的集中：新的趋势与挑战》(1985 年)在学界影响较大。基于微观视角的传媒经济学研究倾向以特定传媒机构的市场行为为研究重点，关注价格、成本、消费决策、收益等议题，试图从理论上对传媒机构和政府的最佳决策做出引导。

在“应用”研究取向作为主流的同时，我们不能忽略另外一股依循政治经济学传统的“批判”研究取向的研究潮流。以政治经济学作为其理论资源的“批判”研究，在进行传媒经济学相关研究时，以对传媒经济发展现实展开批判为研究核心。20 世纪 60 年代末，学者开始用政治经济学范式研究传媒经济，将重点放在影响媒介发展的权力结构上，这一研究路径深受文化研究的影响。学者们关注传媒的集中和垄断问题(Wasko，1987 年)。

通过以上梳理可看出，这段时期西方传媒经济学研究涉及的内容已十分丰富。但由于每个研究领域都没有一定规模的研究者参与研究，因此研究成果并不丰厚。众多的研究内容、研究者与研究机构不成规模、传媒经济学科建制尚未开始，都使得西方传媒经济早期研究非常分散，如散落在荒野中的点点绿洲，虽然很有价值，但却不成体系。

2.3 西方传媒经济学的成熟与范式建构

伴随着“传媒经济学”概念的提出(Bruce M. Owen，1970；Miller，1982)，《传媒经济学学刊》(*The Journal of Media Economics*，JOME)的创刊(1987 年)，第一本传媒经济学教科书的出版(Picard 1989 年)，西方传媒经济学在这些重要的学科发展标志性事件的伴随下，也迅速成长并走向了成熟。

为掌握这一时期西方传媒经济学研究总体情况与趋势，笔者决定将内容分析与文献分析相结合，运用文献计量学的研究工具，来给予研究与探讨。以美国社会科学引文索引(SSCI)期刊目录数据库为主要资料来源，通过检索 1990 年至 2013 年以“报业经济/管理/产业”(newspaper economics/ management/industry)、“电视经济/管理/产业”(television economics/ management/industry)、“广播经济/管理/产业”(broadcasting economics/management/industry)、“电信经济/管理/产业”(telecommunications economics/management/industry)等为主题的所有论文，以及《传媒经济学学刊》(*The Journal of Media Economics*)——传媒经济学科内唯一被 SSCI 收录的杂志，对数据库中有记录的 1994 年到 2013 年 10 年来的所有论文，从论文年发文数量、研究者国家或地区、研究机构、研究者、论文引用出版物以及论文关键词六方面进行统计分析，以此来判断 20 世纪 90 年代以后西方传媒经济学研究的整体情况。

2. 3. 1　研究的持续发展

2. 3. 1. 1　研究论文数量增长

按上文所描述的方法，检索出 SSCI 数据库中与传媒经济学研究相关的文献篇 4253 篇，除去会议论文(proceedings paper)、书评(book review)、评论(review)等，得到论文共 3904 篇。

而《传媒经济学学刊》是传媒经济学科的专门期刊，其所发论文均与传媒经济学研究相关。且自 1994 年起，它成为每年出版四期的季刊，因此其年发文数量相对稳定。根据科学网(Web of Science：http：//apps. webofknowledge. com)数据库检索出的信息可知，近十年，《传媒经济学学刊》共发表文章 422 篇，除去书评、编辑资料(editorial material)、会议论文等，得到论文 270 篇。[①] 以此数据为基础，绘制出能直观反映 SSCI 数据库中与传媒经济学研究相关论文以及《传媒经

① 根据 WOS 数据库，这十年论文数为 259 篇，1994 年 JOME 论文数仅为 4 篇，与其他年份相差甚远。因此笔者对当年 JOME 进行翻阅，发现应有论文 15 篇，所以本书采用了修正以后的数据，1994 年至 2013 年 JOME 共发表论文 270 篇。

济学学刊》发表论文增减过程的非累计数据曲线图(见图 2-5)。

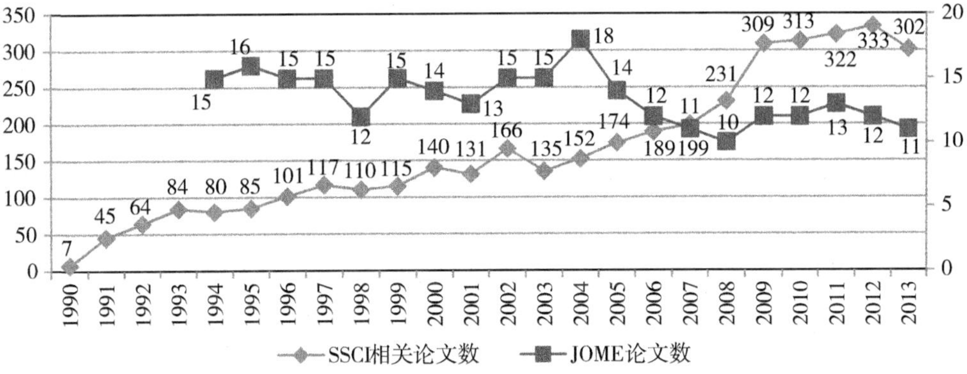

图 2-5 SSCI、JOME 数据库传媒经济学研究相关论文年发文量走势图①

根据图 2-5，我们可看出 SSCI 中传媒经济学研究相关论文的年发文量曲线由两部分构成：

(1)1990—2008 年，缓慢上升。这 18 年间，发文量由 1990 年的 7 篇，增加到 2008 年的 231 篇，增加了 33 倍，年均增长速度约为 22.8%。这段曲线呈现缓慢爬升的趋势。

(2)2009—2013 年，急速上升后保持平稳。2009 年，SSCI 数据库中与传媒经济学相关的论文数量由 2008 年的 231 篇，一下增长到 309 篇，增长率为 33.7%，大大高于前值。随后 2010 年、2011 年、2012 年其相关论文发表数均保持在 300 篇之上的水平，曲线呈现缓慢上升趋势。2013 年论文发文量出现少许下降，笔者认为除了是相关论文发文数量可能确实出现减少外，数据库资料不全、很多文献还未来得及进入数据库是重要原因。

而《传媒经济学学刊》自最后一次改版后(从 1988 年创刊以来，经过了三次改版：1988—1990 年，每年出版两期；1991—1993 年，每年出版三期；1994 年至今，每年出版四期)，年发表论文数均保持在 15 篇左右。

通过上述观察可得出，传媒经济学研究领域持续地受到研究者们的关注，且在

① 数据来源：通过在 SCI/SSCI 所发行的互联网数据库：Web of Science(http://apps.webofknowledge.com)进行相关检索所得。

近几年，与其相关的研究成果明显增多，说明此研究领域的规模在扩大。这与世界范围内传媒产业、文化产业在国民经济中地位的增强、其贡献率与产值的增加以及政府的重视都密切相关。传媒经济学学科处在持续发展并逐渐成熟的进程中。

为更准确地掌握 20 世纪 90 年代以来西方传媒经济学的整体发展状况，笔者从这一研究领域的主要研究国家或地区、研究机构、研究者、论文引用出版物、论文关键词等方面来考察其学科情况。为了使所获得的结果更加准确，在对 SSCI 数据库中相关论文进行进一步分析时，笔者选取被引用次数在 2 次和 2 次以上的论文作为研究样本，以此来取得更为科学的数据。在获得的 3904 篇论文中，通过检索被引频次在 2 次及以上的论文，得到论文 2469 篇。

2.3.1.2　研究者来源国众多

根据上文检索结果，笔者统计出 SSCI 的 2469 篇与 JOME 的 270 篇传媒经济学相关论文中，研究者的国家或地区排名情况(见表 2-5)。

表 2-5　　**SSCI、JOME 相关论文研究者国家(地区)排名表**

SSCI			JOME	
排名	国家/地区	频次	国家/地区	频次
1	美国	1154	美国	145
2	英国	302	德国	18
3	澳大利亚	159	韩国	17
4	加拿大	149	新西兰	12
5	韩国	85	澳大利亚	11
6	新西兰	82	瑞典	9
7	德国	81	中国台湾	9
8	法国	65	法国	6
9	中国	60	中国、加拿大、英国、日本	5
10	西班牙	60	挪威、西班牙、比利时	5

无论是 SSCI 还是 JOME 中的传媒经济学相关论文，其研究者国家排名在首位的都是美国。虽然 SSCI 为美国学术评价体系所产生、JOME 是在美国出版的学术期刊这两个因素对这一结果的产生起到了很大的影响，但不可否认，无论是 SSCI 的

相关论文还是 JOME 中的论文，美国研究者们的出现频次大大高于排名在其后的九个国家或地区。这体现了美国在这一研究领域的霸主地位。SSCI 与 JOME 两个榜单排名前十的国家或地区中，除了中国外，其余发文频次较高的均为发达国家或地区。这说明，发达国家对传媒经济学研究的贡献是决定性的。在所有研究者的来源国家或地区中，出现频次在 2 次及以上的有 58 个国家或地区，说明传媒经济学研究在整个世界范围内都有研究者的参与，其学术版图已十分广阔。

结合两个榜单可看到，传媒经济学研究相关论文的年发文量一直呈现增长趋势。在世界范围内，已有众多的国家和地区加入传媒经济学研究行列。这多说明传媒经济学研究在进入 20 世纪 90 年代后，仍在持续发展着。

2.3.2 科学共同体的形成

就西方传媒经济学领域主要的研究机构而言，从表 2-6 的统计可以看到，密歇根大学(Michigan State Univ)、佛罗里达大学(Univ Florida)、北卡罗来纳大学(Univ N Carolina)、俄亥俄州立大学(Ohio State Univ)是传媒经济学研究的主要研究机构。它们在 SSCI 相关论文中排名分别位于第三、四、五、九位，JOME 发布论文的出现频次中分别排在第一、二、三、十位。

表 2-6 **SSCI、JOME 相关论文研究机构排名表**

SSCI			JOME	
排名	机构名称	频次	机构名称	频次
1	UNIV PENN	36	MICHIGAN STATE UNIV	16
2	UNIV TORONTO	33	UNIV FLORIDA	8
3	MICHGAN STATE UNIV	32	OHIO STATE UNIV	6
4	UNIV FLORIDA	32	UNIV AMSTERDAM	6
5	UNIV N CAROLINA	30	INDIANA UNIV	5
6	UNIV WISCONSIN	28	UNIV MIAMI	5
7	UNIV SYDNEY	27	UNIV TENNESSEE	5
8	HARVARD UNIV	26	ARIZONA STATE UNIV	4
9	OHIO STATE UNIV	26	PENN STATE UNIV	4
10	UNIV CALF BERKELEY	25	UNIV N CAROLINA	4

除去这四所高校外，SSCI 研究机构统计结果与 JOME 研究机构统计结果排名前十的学校中，再无重复高校。

从 SSCI 数据库中的相关论文统计可知，宾夕法尼亚大学(Univ Penn)、威斯康星大学麦迪逊分校(Univ Wisconsin)、哈佛大学(Harvard Univ)、加州大学伯克利分校(Univ Calf Berkeley)等老牌的美国知名高等学府位列其中，并且加拿大的多伦多大学(Univ Toronto)和澳大利亚的悉尼大学(Univ Sydney)也进入了此榜单。这不仅体现了在 SSCI 这样的学术评价体系中，著名学府的学术霸权地位，同样体现了西方传媒经济学研究主要研究机构的实力十分雄厚。

在 JOME 相关论文统计中发现，除了上面提到的在 SSCI 统计前十中也出现的四所高校外，还有印第安纳大学(Indiana Univ)这所同样新闻传播专业比较强势的老牌高校，在传媒经济学相关论文发表机构中，论文发表数排在前列。这说明《传媒经济学学刊》在美国新闻传媒领域的影响力较大。在新闻传播领域中，传媒经济学研究的核心研究机构仍是传统的新闻传播专业较为强势的高校。

可以看到，西方传媒经济学研究拥有了一批学术实力强、影响力大的高等学府作为其研究的主要参与机构和主要成果产出机构。

为更形象、直观地展现西方传媒经济学研究的总体情况，在对研究者、论文关键词、论文引用期刊这三部分做分析时，针对上文所述数据，笔者决定从社会网络分析这一视角，结合共词分析法，并采用了国际著名信息可视化专家陈超美博士研制的用于文献引文网络分析的软件——CiteSpace，来进行进一步的分析。

“社会网络”是指社会行动者(可以是个人、群体、组织、国家)及他们之间的关系的集合，即由多个点(社会行动者)和各点间的连线(行动者间的关系)组成的集合。① 将它运用在文献分析中，可清晰地知道研究机构间、研究者间、各研究主题间的联系，以查看某学科或某研究领域中的合作关系和研究内容间的关系；而某学科或某研究领域的研究内容，通常是由数量有限的主题词组成，这些主题词均来自于文献。② 共词分析法——法国文献计量学家在 20 世纪 70 年代提

---

① 罗家德．社会网分析讲义[M]．北京：社会科学文献出版社，2005；刘军．整体网分析讲义——UCINET 软件实用指南[M]．上海：格致出版社，2009：1；朱庆华，李亮．社会网络分析法及其在情报学中的应用[J]．情报理论与实践，2008，31(2)：179。

② 钟伟金，李佳．共词分析法研究(二)——类团分析[J]．情报杂志，2008(6)：141-143。

出——就是利用文献集中词汇、名词短语共同出现的情况，来确定文献各主题间的关系；① CiteSpace 这款软件采用的就是一种多元、分时、动态的信息可视化技术，它结合了社会网络分析与共词分析法，能以直观的可视化形式呈现一个学科或者知识领域在一定时期发展的趋势与动向。

研究者是研究机构的基本组成单位，亦是某学科领域研究、发展的主导力量。任何一个学科都有属于自己的领军人物或称为"学术明星"。他们通过自身的学术生产能力、学术地位等因素对该学科领域的其他研究者产生影响，并从而影响着该学科的发展。通过对西方传媒经济学核心研究者的了解，可对这一学科的基本构成情况做出相应的判断，而通过对研究者间合作关系的了解，可看出本学科是否有科学共同体产生，学科发展到了何种程度。

与研究机构排名情况有所区别，在研究者的排名中可看到，没有同时出现在两个榜单的研究者。SSCI 榜单中，几乎没有新闻传播学学科背景的学者，经济学、社会学学科背景的学者占到了多数。而在 JOME 榜单中，通过分析密歇根大学的 Stephen Lacy(LACY S)教授、著名的传媒经济学学者 Robert G. Picard (PICARD RG)教授、佛罗里达大学的 Sylvia M. Chan-Olmsted(CHAN-OLMSTED SM)教授、伊利诺伊大学的 John W. Dimmick(DIMMICK J)副教授、阿姆斯特丹大学(UNIV AMSTERDAM)的 Van der Wurff. R 教授等的学术背景可发现，他们都是拥有新闻传播学学科基础的学者。可见，西方传媒经济学研究已成为一个学科交叉的研究领域(见表 2-7)。

通过观察 SSCI 传媒经济学相关论文研究者的关系图(见图 2-6)可发现，在相关论文的研究者中，发文量较高的研究者之间有关系连线，说明他们间存在合作关系。图中有许多多点(两个以上)之间的连线，这说明在 SSCI 的相关文献中，多个研究者间的合作关系也是存在的，且所占比例并不低。

与图 2-6 不同，JOME 的研究者关系图(见图 2-7)中多点间的连线几乎没有，但其发文频次较高的研究者之间，如 Stephen Lacy 与 Robert G. Picard，发文频次较高的研究者与其他研究者之间，如 Sylvia M. Chan-Olmsted、Stephen Lacy、Michel Clement 等，都有着关系连线。这说明在《传媒经济学学刊》发表的论文中，

① 钟伟金，李佳．共词分析法研究(一)——共词分析的过程与方式[J]．情报杂志，2008(5)：70-72。

高层学者间的合作、高层学者所起的带领作用都比 SSCI 相关论文中的更加突出。

表 2-7　　**SSCI、JOME 相关论文研究者排名表**

	SSCI		JOME	
排名	姓名	频次	姓名	频次
1	MAJUMDAR SK	21	LACY S	7
2	CHAPMAN S	9	PICARD RG	7
3	MACKENZIE R	9	CHAN-OLMSTED SM	6
4	VAN WITTELOOSTUIJN A	9	CLEMENT M	5
5	SAPPINGTON DEM	8	DIMMICK J	5
6	KASERMAN DL	7	VAN DER WURFF R	5
7	URI ND	7	CHYI HI	4
8	WEISMAN DL	7	DUPAGNE M	4
9	BIELBY DD	6	FU WW	4
10	CHANG HH	6	WATERMAN D	3

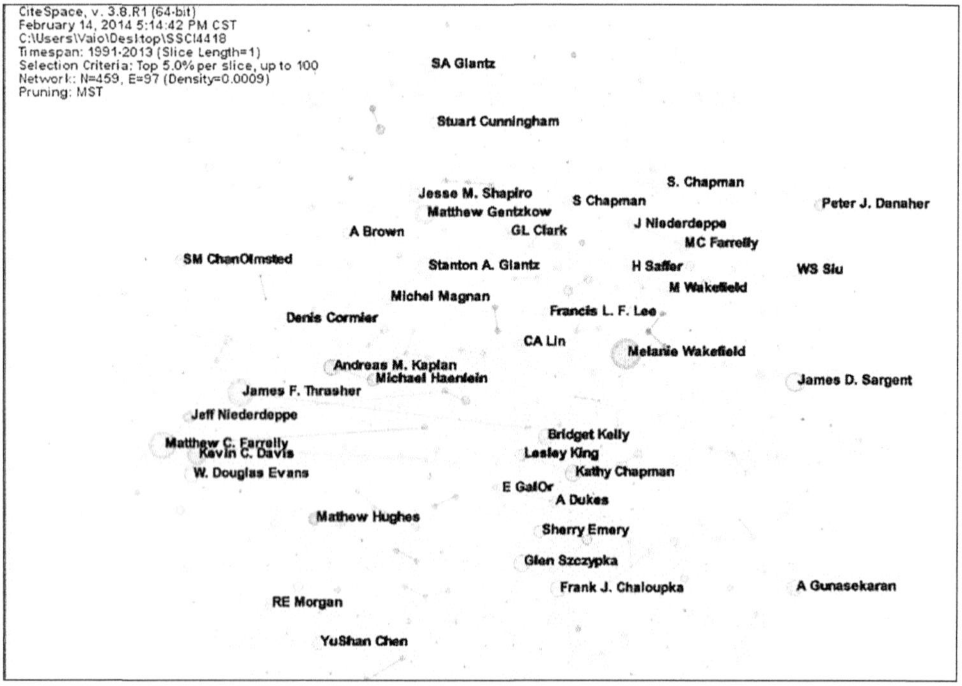

图 2-6　SSCI 传媒经济学相关论文研究者关系图

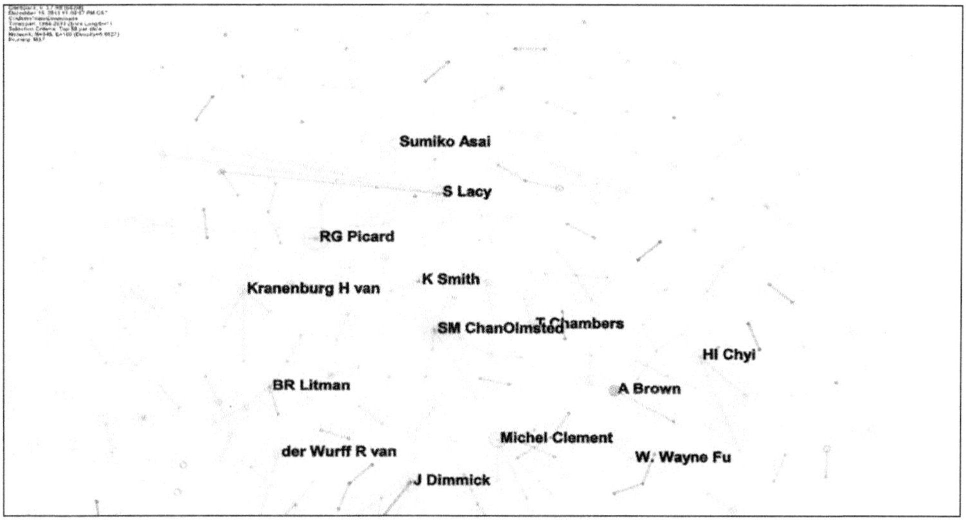

图 2-7 JOME 发表论文研究者关系图

通过对西方传媒经济领域研究者的概况进行分析，使我们了解到西方传媒经济学研究者并非单一的拥有新闻传媒学学科背景的学者，其对经济学等学科领域的介入也很深；研究者间，无论是核心研究者间，还是核心与非核心研究者或非核心研究者间都存在着合作关系。

更值得一提的是，自 1994 年起，全球传媒经济大会(World Media Economics and Management Conference)每两年就定期举办一次。这个学术会议由《传媒经济学学刊》(*The Journal of Media Economics*)主办，力求将全球传媒经济学者汇集在一起，对传媒经济的各类主题进行学术上的探讨，以提高传媒经济学的知识生产能力与相关研究者的科研能力。至今，全球传媒经济大会已在美国、英国、加拿大、芬兰、瑞典、瑞士、希腊、西班牙、中国等国举行过。

学术实力雄厚、影响力巨大的主要研究机构，研究者间依稀存在的合作关系，学会的成立及学术会议的定期召开，都标志着西方传媒经济学的科学共同体已形成。

2.3.3 经济学范式主导下的西方传媒经济学研究

2.3.3.1 经济类期刊被引最多

论文中所引用的期刊，能在一定程度上反映这一研究领域的学科组成情况和研究范式运用情况。哪门或哪几门学科的期刊被引用频次最多，表明了本学科受哪一或哪些学科影响最大，对其研究范式的借鉴和运用也就最多(见表 2.8)。

表 2-8　**SSCI、JOME 相关论文被引期刊排名表**

SSCI			JOME	
排名	期刊名	频次	期刊名	频次
1	TELECOMMUNICATIONS POLICY	173	J MEDIA ECON	153
2	MEDIA CULTURE SOCIETY	47	J COMMUN	79
3	JOURNAL OF MEDIA ECONOMICS	41	JOURNALISM QUART	66
4	INFORMATION ECONOMICS AND POLICY	37	J BROADCAST ELECTRON	64
5	JOURNAL OF REGULATORY ECONOMICS	34	AM ECON REV	61
6	REVIEW OF INDUSTRIAL ORGANIZATION	25	Q J ECON	50
7	MANAGEMENT SCIENCE	23	J IND ECON	39
8	RESEARCH POLICY	23	JOURNALISM MASS COMM	37
9	EUROPEAN JOURNAL OF COMMUNICATION	22	VIDEO EC	34
10	TECHNOLOGICAL FORECASTING AND SOCIAL CHANGE	21	NEWSPAPER RES J	33
11	JOURNAL OF BROADCASTING ELECTRONIC MEDIA	20	J BOADCASTING	32
12	JOURNALISM MASSCOMMUNICATION QUARTERLY	20	MEDIA CULT SOC	30
13	STRATEGIC MANAGEMENT JOURNAL	20	J MARKETING RES	29
14	INTERNATIONAL JOURNAL OF TECHNOLOGY MANAGEMENT	19	CUMMN RES	28
15	LONG RANGE PLANNING	19	MARKET SCI	28

通过统计出的结果，笔者将美国传媒经济学研究论文引用期刊分为：新闻传播、广告与市场营销、经济管理、社会政治四大类。在 SSCI 相关论文引用期刊的前十五本期刊中，经济管理类期刊 8 本(INFORMATION ECONOMICS AND POLICY、JOURNAL OF REGULATORY ECONOMICS、REVIEW OF INDUSTRIAL ORGANIZATION、MANAGEMENT SCIENCE、RESEARCH POLICY、STRATEGIC MANAGEMENT JOURNAL、INTERNATIONAL JOURNAL OF TECHNOLOGY MANAGEMENT、LONG RANGE PLANNING)，广告与市场营销类期刊 0 本，社会政治类期刊 1 本(TECHNOLOGICAL FORECASTING AND SOCIAL CHANGE)，新

闻传播类期刊 6 本（TELECOMMUNICATIONS POLICY、MEDIA CULTURE SOCIETY、JOURNAL OF MEDIA ECONOMICS、EOROPEAN JOURNAL OF COMMUNICATION、JOURNAL OF BROADCASTING ELECTRONIC MEDIA、JOURNALISM MASS COMMUNICATION QUARTERLY、JOURNAL OF COMMUNICATION）。

JOME 杂志发表的论文引用排名前十五的期刊中，新闻传播类期刊十本（J MEDIA ECON，J COMMUN，JOURNALISM QUART，J BROADCAST ELECTRON，JOURNALISM MASS COMM，VIDEO EC，NEWSPAPER RES J，J BOADCASTING，MEDIA CULT SOC），广告与市场营销类期刊两本（J MARKING RES，MARKING SCI），经济类期刊三本（AM ECON REV，Q J ECON，J IND ECON），没有社会政治类期刊。

通过两个被引期刊关系图（见图 2-8、图 2-9）可以看到，被引期刊之间的关系纵横交错，四大类别的期刊相互联系。在 SSCI 关系图中，经济管理类杂志 AM ECON REV 和新闻传播类杂志 J COMMUN 是它的关键节点；JOME 杂志中，被引用的新闻传播类期刊关于具体某一传媒类型研究的新闻传播类期刊被引频次更

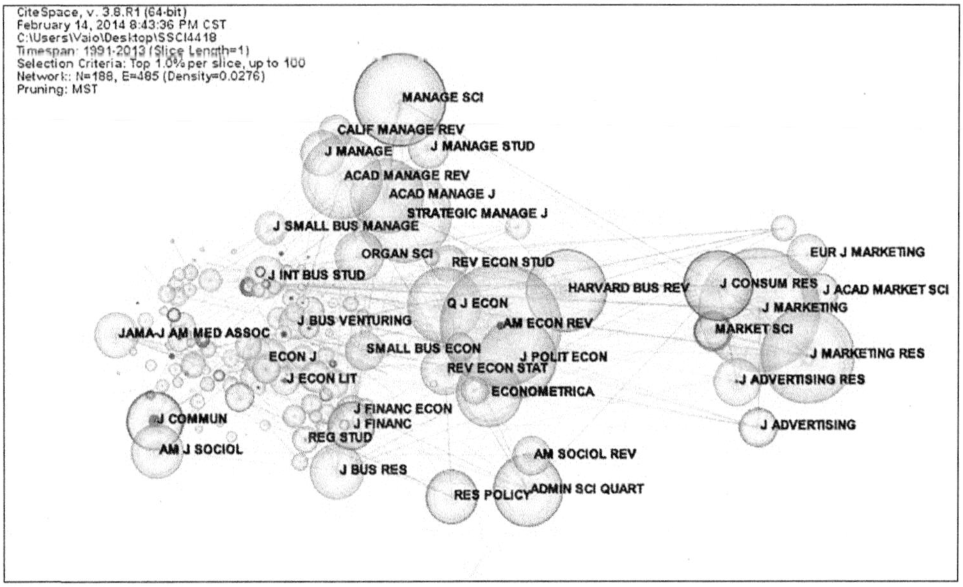

图 2-8　SSCI 传媒经济学相关论文被引期刊关系图

高，如：广播类的 J BROADCAST ELECTRON、J BOADCASTING，视频类的：VIDEO EC，报纸类的：NEWSPAPER RES J。并且，其关系图中的关键节点，多为广告与市场营销和经济类期刊，如：REV ECON STUD、ECONOMETRICA、MARKET SCI、RAND J ECON，MANAGE SCI、ECON J 等。

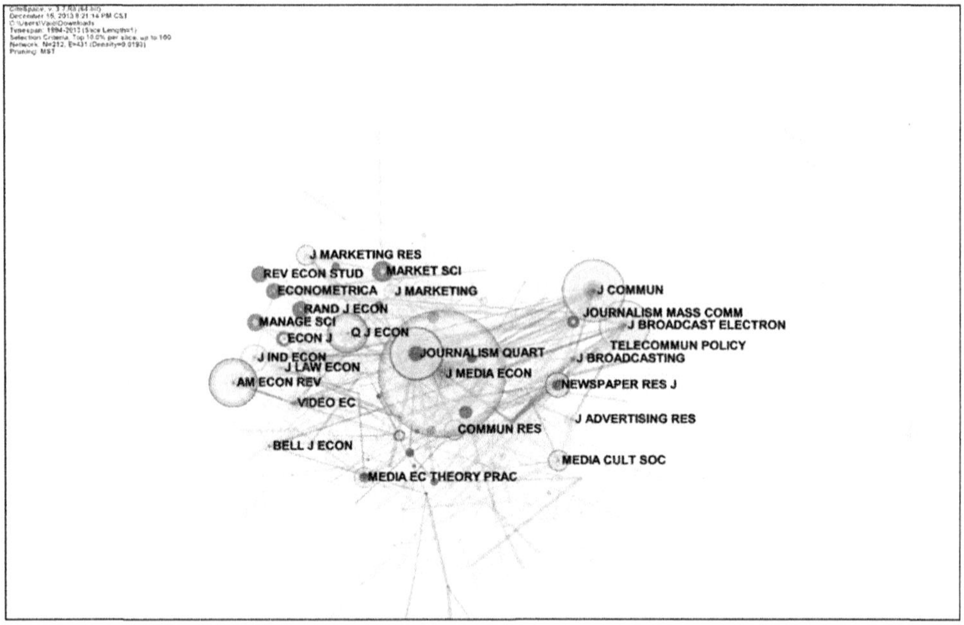

图 2-9　JOME 发表论文被引期刊关系图

可见，无论从 SSCI 数据库还是 JOME 杂志中传媒经济学研究论文来看，经济管理类、新闻传播类是西方传媒经济学研究最为主要的被引期刊来源。而 SSCI 来源论文所引用的经济管理类期刊比例高于传媒经济学杂志中的引用比例，这说明传媒经济学研究者对经济学、管理学研究成果的借鉴是高于新闻传播学、广告和营销学、社会学这些学科的。

2.3.3.2　以传媒市场行为研究重心

在对西方传媒经济学研究从被引期刊概况进行了解后，为了进一步掌握其研究范式运用情况，对于研究内容的分析是十分重要的。而论文的关键词是作者对其论文的核心概念与主要研究问题的归纳总结，能代表该论文的主要研究内容。

因此，笔者选择用研究论文关键词作为了解美国传媒经济学研究内容的切入点。

对上文提到的SSCI数据库中传媒经济相关2469篇论文、JOME杂志中270篇发表论文的关键词分别进行统计，将出现频次为前二十名的关键词组成表2-9。

表2-9　　**SSCI、JOME相关论文关键词排名表**

	SSCI		JOME	
排名	关键词	频次	关键词	频次
1	Market/MARKETS	305	COMPETITION	29
2	MEDIA	297	MARKET	28
3	PERFORMANCE	296	TELEVISION	19
4	INDUSTRY	286	MODEL	15
5	INNOVATION	248	MEDIA	15
6	FIRM/FIRMS	216	INDUSTRY	14
7	MODEL	215	IMPACT	12
8	INFORMATION	194	NEWS	11
9	IMPACT	170	MOTION-PICTERES	10
10	INTERNET	170	ECONOMICS	10
11	BEHAVIOR	166	DEMAND	9
12	MANAGEMENT	147	PERFORMANCE	9
13	POLICY	142	INFORMANCE	8
14	UNITED-STSTES	140	CHOICE	7
15	KNOWLEDGE	138	INTERNET	7
16	TECHNOLOGY	119	INTERNATIONAL-TRAD	7
17	COMPETITION	113	WELFARE	7
18	TELEVISION	112	DIVERSITY	7
19	PERSPECTIVE	110	NETWORKS	6
20	STRATEGY	105	COMMUNICATION	6

电视(TELEVISION)、互联网(INTERNET、NETWORK)、新闻(NEWS)、是被关注比较多的媒体类型。传媒市场(MARKET/MARKETS)、传媒产业(INDUSTRY)、

传媒企业(FIRM/FIRMS)、创新问题(INNOVATION、TECHNOLOGY)、全球化问题(INTERNATIONAL-TRAD)、竞争(COMPETITION)、影响(IMPACT)、模式(MODEL)等是美国传媒经济学研究关注的热点问题。对比两个榜单，其研究重点基本是一致的。

而通过 SSCI 传媒经济学相关论文和 JOME 杂志发表论文关键词的关系图(见图 2-10)可以看到，这些高频关键词可大概分为传媒类型、传媒市场行为、传媒市场组成要素三大部分。这三部分的关键词都彼此错综相连。在 SSCI 相关论文关键词的关系图中，与创新和市场战略相关的传媒市场行为类关键词，如创新(innovation)、技术(technology)、营销(marketing)、市场(market、markets)，相关的研究最多。SSCI 这一维度的相关研究者，围绕着这几个关键节点，形成了传媒经济的研究。

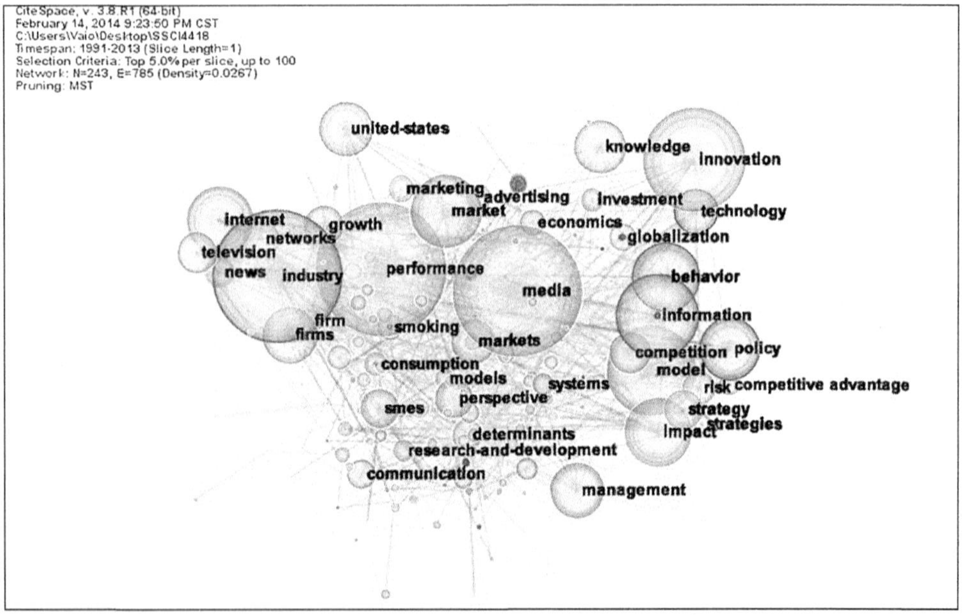

图 2-10　SSCI 传媒经济学相关论文关键词关系图

再看 JOME 杂志发表论文的关键词关系图(见图 2-11)，竞争(competition)、市场(market/markets)、模型(model)、产业(industry)、影响(impact)这些与市场行为相关的关键词是其关系图中的关键节点。

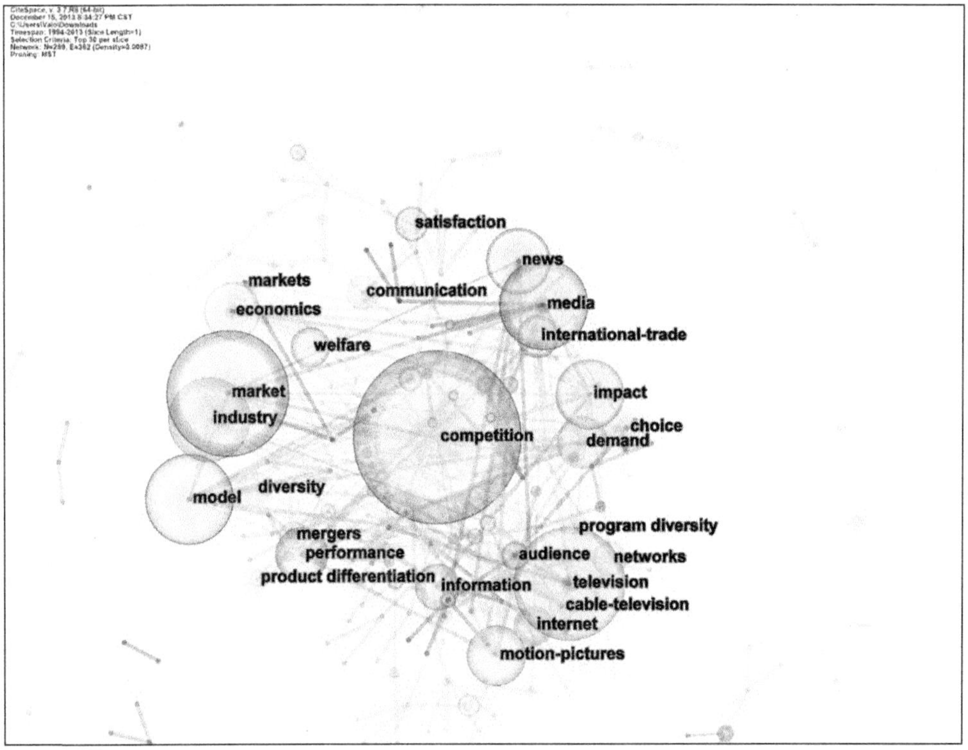

图 2-11　JOME 发表论文关键词关系图

西方传媒经济学研究内容随着外部经济环境、业界发展的变化而不断拓展着，其研究热点也在与时俱进。

从 SSCI 相关论文关键词的时空图(见图 2-12)可看出，从 20 世纪 90 年代起，学者们就开始关注市场、产业、企业的创新、市场的竞争、企业策略等问题；90 年代末、21 世纪初，互联网、差异性的竞争策略、全球化等问题逐步进入研究者的视野；近期，社交网络、报业、兼并收购、信息技术等问题成为研究焦点。

对比 JOME 杂志论文的关键词时空图(见图 2-13)，90 年代关注电视、市场以及企业行为问题；进入 21 世纪开始关注互联网、传媒产业、市场竞争和多元化的问题；近期，全球化、网络、技术等问题成为其研究热点。其研究问题的趋向与 SSCI 基本一致。

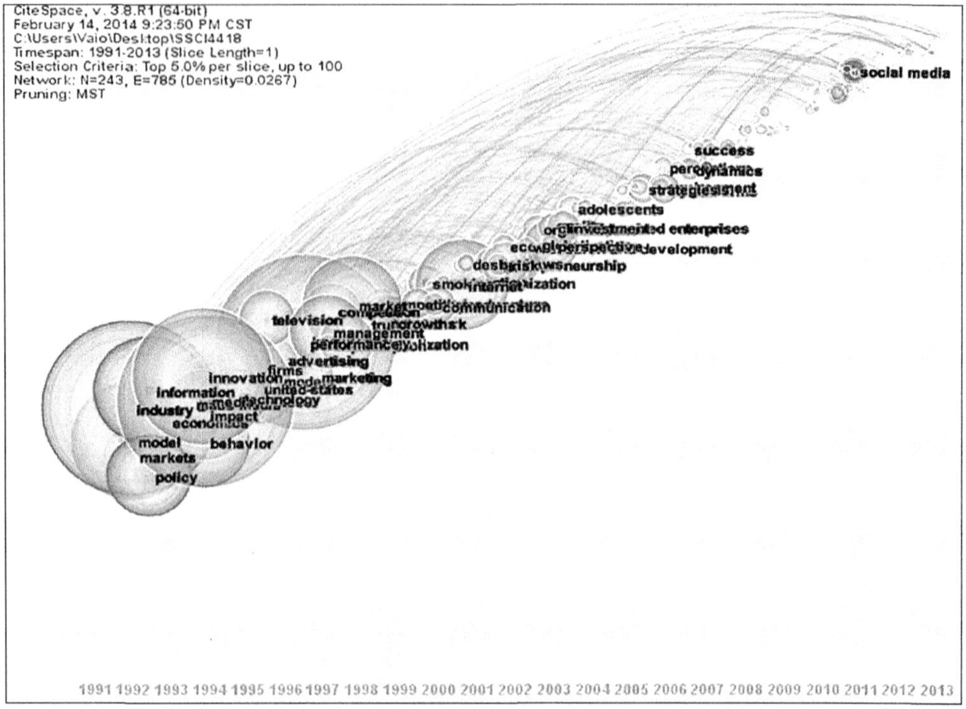

图 2-12　SSCI 传媒经济学相关论文关键词时空图

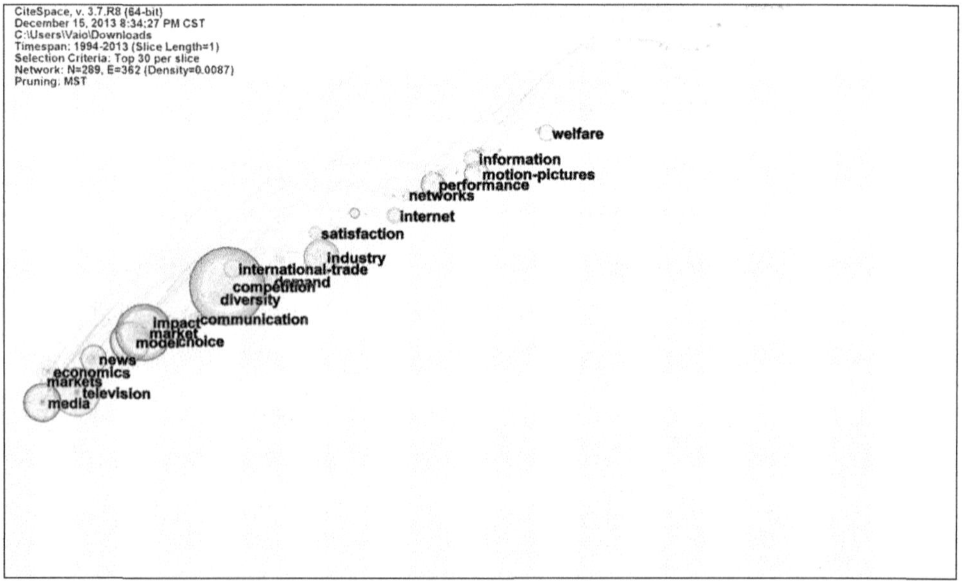

图 2-13　JOME 发表论文关键词时空图

结合上述分析可知，虽然SSCI与JOME两个维度的论文研究重点有所不同，且传媒经济学研究热点在不断变化，但西方传媒经济学研究的主要问题是与传媒市场、传媒产业和传媒间竞争相关的内容，经济学研究范式是其主要研究范式。

20世纪90年代以来，西方传媒经济“应用”研究突破了单调强调传媒市场的窠臼，开始关注宏观经济与传媒经济的互动。基于宏观视角的传媒经济学研究借助产业经济学、制度经济学、信息经济学的理论工具，其研究拓展到了全球化市场下传媒经济的扩张、政府规制对传媒经济的影响、传媒产业的融合与升级、新兴传媒产业的发展这几个新方面。

西方传媒经济“应用”研究从“微观”到“宏观”的路径转移离不开两大现实背景，即全球经济一体化和数字与网络技术的普及。将这一转移置于经济学研究发展演进的大背景之中，可以看出它与经济学研究从“微观”走向“宏观”的演进路径是一致的。

而在“批判”研究上，传媒经济发展与公共福利的关系成为一大研究点，媒体与国家角色、媒体与社会阶层等问题也被纳入了传媒经济学研究范畴。对传媒经济的批判性研究深刻影响了国家政府对传媒业的管理。批判性研究从维护社会民主、社会主流道德的角度出发，关注传媒体系中的经济、政治和社会的相互影响，探究传媒经济发展的深层次问题并寻求解决途径，为传媒经济学研究开拓了更广阔的视野，也成为世界传媒经济学研究的一个重要议题。

无论是“应用”研究还是“批判”研究，可以肯定地说西方传媒经济学是在经济学范式主导下而展开的传媒经济学研究。

2.4 本章小结

全球范围内，传媒经济、传媒产业在国民经济中的地位不断提高。进入21世纪，面对这个低污染、高增长、高贡献的产业，各国政府对其重视程度亦不断加深。特别是作为本书的两个重点研究国家美国和中国，传媒经济无论是从市场规模还是在对国民经济贡献率上都在持续增长，这为全球传媒经济学学科的发展提供了一个非常好的外部环境。

西方传媒经济学研究发展经历了近百年的时光。从以经济学家的率先介入为起始，形成了分散、独立地研究格局，走到现在，进入了学科发展的“常规科学”阶段。如今西方传媒经济学研究的相关研究论文年发文量仍处在上升阶段，学科拥有了一批比较稳定且学术实力较强的研究队伍，核心研究者间存在着实质的合作关系。学科教材、研究期刊的出现，全球性学术会议长期、定时地召开都预示着学科建制的完善，其科学共同体已经形成。经济学、新闻传播学这两大学科领域为传媒经济学的研究提供了强大支持。以微观、宏观经济学为理论基础的“应用”研究和以政治经济学为理论基础的“批判”研究是西方传媒经济学的主要研究取向，经济学范式是其最为主要的研究范式。科学共同体的形成、研究范式的确定都标志着西方传媒经济学研究已进入了“常规科学”阶段。

第3章　中国传媒经营的历史沿革及其初始研究状况

前文对全球传媒经济的发展现状有了大致了解，对西方传媒经济学研究发展做了梳理和分析后，关于中国传媒经济学研究发展的探索自然是笔者将要重点讨论的问题。对中国传媒经济议题的探索始于何时？学者们是在怎样的社会背景下开始关注传媒经济这一领域的？这是两个首先需要解答的问题。

3.1　传媒经营两次大的起落

20世纪20年代，当西方的经济学者就传媒经济相关议题开始进行思考与研究时，中国学者对此也有着自身的创建。

3.1.1　民营报业的兴起与新闻学框架下的传媒经济议题

中国古代合法的民营报纸自明朝中期才出现。在此之前，报刊是以“邸报”的形式，作为朝廷的文书或中央与地方间的新闻信来流通。其本身只是政府信息发布、流通的媒介，因此无经营可言。而明朝中期出现的民营报纸的经营大多是作坊式性质的个人经营模式，规模小、所需资金少，其收入主要来源于发行费用。因朝廷对于办报并无特别优惠的税收，因此对于中国办报人来说，既无报纸经营的现实需要，也无报纸经营观念。直到清朝末年，鸦片战争结束后，外国人取得了在中国办报的特权，外国报刊便迅速从香港、澳门、广州等地向内地扩展开。

随着洋务运动的兴起、中国资本主义萌芽的产生以及从事报刊工作的国人数量的增长，当时国内一批接触过西方文化的知识分子和商人从沿海、发达地区起，迈出了国人独立办报的路程。上海、广州、香港成为当时国人创办报刊的中心地区，《新报》《汇报》《广报》《循环日报》等民族资本合营报刊出现在了国人视野中。

19 世纪末、20 世纪初，国门被迫大开，中国政局动荡不堪。戊戌变法失败、资产阶级革命派兴起、清王朝最后残喘、中华民国建立、新文化运动开启，这一系列的政治变革和社会变化给中国报业的发展既带来了需求，也出现过阻挠。西方近代报业大举进入处在混乱时期的中国，中国进入了殖民报时代。① 随着 1911 年辛亥革命成功，《中华民国临时约法》中规定“人民有言论、著作、刊行及结社之自由”，这条给中国带来真正意义上新闻出版自由的法律颁布，本土报业在这样一个大背景下开始成长。这段时期中国报业的经营模式主要有外资合伙经营、民族资本合伙经营、中外合资经营三种。② 20 世纪 20 年代，经过新文化运动的洗礼、中国民族资本主义的崛起、现代印刷技术的普及以及五四运动的冲击，中国报业发展进入了黄金时期。商业型报刊的现代报业经营模式雏形初现，《申报》《新闻报》在此时期已粗具规模，发行量都突破了十万份。③

随着传媒市场的发展，以及国外新闻学研究文献④的传入，国内新闻学研究也有了开端。1918 年秋，中国第一个新闻学术研究团体北京大学新闻研究会成立。时任北大校长蔡元培担任会长，并拟定了“研究新闻学理，增长新闻经验，以谋新闻事业之发展”的宗旨。

次年，在美国密歇根大学攻读过经济学与新闻学的北京大学教授、北京大学新闻学研究会副会长徐宝璜，出版了中国学者所著的第一部新闻学著作——《新闻学》。其中“新闻之广告”“新闻之销路”等章节对报刊经营的相关问题都有所谈及。他认为广告是报刊最主要的收入来源，而报纸的销售和广告部从业人员的专业素质决定着报社广告收入；销售则是报刊发展的命脉，要增加销售就应注重报

① 吴廷俊．中国新闻史新修[M]．上海：复旦大学出版社，2010：28。

② 王润泽．中国新闻媒介史(1949 年前)[M]．北京：北京大学出版社，2011：288-289。

③ 徐铸成．旧闻杂忆(修订版)[M]．北京：生活·读书·新知三联书店，2009。

④ 1903 年日本学者松本君的《新闻学》、1913 年美国学者休曼的《实用新闻学》被翻译后进入中国。

纸印刷质量、降低报刊售价、增加发行渠道，而高质量的新闻内容是重中之重。① 徐宝璜可被视为我国首位接触到传媒经济话题的学者。

1921 年，总部设在上海的国闻通讯社成立。其在北京、汉口、天津等地都设有分社。② 1924 年，《申报》经理张竹平结合《申报》《时事新报》两报编辑同仁之力，创办了申时电讯社，并于 1928 年重新扩建组织，另外聘请专职人员，分别编发中、英文电讯。其后，该社与国内外 110 多家报社签订了供稿合同，成为了当时国内规模最大的通讯社。

1926 年 10 月，中国人自办的第一个广播电台在哈尔滨诞生，由官方主办，每日播音两小时，内容有新闻、音乐、演讲、物价报告等。次年 3 月，第一家私营商业性电台上海新新公司广播电台开始经营，③ 以播送唱片和转播游艺场的南方戏曲为主要节目。1927 年年底，北京也出现了做商业广播电台——燕声广播电台。由于当时广播的接受设备数量十分有限，且电台覆盖范围很窄，几乎都为地方性电台，因此电台的经营也是初级化的，贩卖收音机和无线电设备是其主要营业收入来源。

3.1.2 发展中的传媒与相关议题的终止

20 世纪 30 年代，一个类似托拉斯的报业集团垄断组织"四社"形成。这是由《时事新报》《大陆报》《大晚报》和申时电讯社成立的一个联合办事处，简称"四社"。④ 它们从新闻业务到报社经营的多个层面展开了合作。在新闻来源、资料共享、纸张、油墨、印刷等方面都互通有无。值得一提的是，联合办事处成立了"四社推广部"，为这四家机构做发型推广工作。这样一种联合，是四个机构在资源上的一种优化配置，降低了它们的运营成本，提高了市场竞争能力。并且通过"四社"这一组织，大大增强了其市场影响力和社会知名度。"四社"虽在组织结构、资本运营以及规模等方面都与西方近代报业集团存在很大的差距，但其仍可称为中国近代报业集团的雏形。

---

① 徐宝璜．新闻学[M]．北京：中国人民大学出版社，1994：85-89，102-103；徐宝璜．徐宝璜新闻学论集[M]．北京：北京大学出版社，2008。

② 方汉奇．中国新闻事业编年史：上[M]．福州：福建人民出版社，2000：996。

③ 黄瑚．论中国近代新闻事业发展的三个历史阶段[J]．新闻大学，2007(1)：48。

④ 方汉奇．中国新闻事业编年史：中[M]．福州：福建人民出版社，2000。

这一时期的传媒事业从报业、通讯社、无线电广播电台这三方面齐头并进，它们在市场化的激烈竞争中迅速发展着。成舍我、史量才、吴鼎昌等报业经营家也是在这一背景下出现的。传媒的经营观念也随之事业的发展逐渐深入当时新闻学者的内心。蒋国珍的《中国新闻发达史》(1927 年)中不仅对中国报业的发展做了介绍，并专门就报纸“发行份数”“中国报纸与广告”进行研究，认为报纸经营色彩不浓、报社管理不规范、发行时间不科学等因素影响了我国报业的发展，而国内商业尚未兴起、广告市场微小，从而影响了报业收入；① 戈公振所著的《中国报学史》(1927 年)在最后一章中，对报业的组织结构、我国报刊现有广告类别、广告版面情况、发行、销售等都有详细描述，并对欧美、日本的相应情况进行了介绍。②

这些新闻学传播学者的研究涉及报业的发行、销售、广告、盈利模式等各方面，这时，“经济”这个词并不是这些学者研究的重点，他们所进行的是对传媒经营活动的探讨，是对这块领域相关议题的提出，并没有实质性的研究出现。且可看到，与西方首先接触传媒经济领域的经济学学科背景学者不同，在我国，是新闻传播学者展开了此类领域的研究。

正当国内传媒事业呈现一片欣欣向荣的景象时，1937 年发生“七七事变”，抗日战争全面爆发，传媒业的发展也就此受到影响。沦陷区的传媒业遭受重创，私营机构或被日本政府打压，或沦为其宣传工具。1945 年抗日战争结束，百业待兴。商业报刊，特别是民营商业报刊重新迎来了发展的机遇。《大公报》《新民报》《文汇报》《世界日报》等在抗战中受到打压、被迫停办的报业在战后都重新复刊，而一批新的传媒机构在战后也迅速创建起来。但好景不长，国内战争全面爆发。复杂的政治形势，使民营传媒业面临着新的选择。国民党政府在解放战争时期加大了对新闻的监管力度，对部分民营传媒业通过改组、接管的手段来实施实际控制，虽然壮大了自身实力，却使得民营传媒人蒙受损失。

而战乱使得学者们已无心继续潜心研究，在这民族危亡、国家动荡的年代，学术已成为一种奢求。

---

① 蒋国珍．中国新闻发达史[M]．上海：世界书局，1927：59-61，66-68。

② 戈公振．中国报学史[M]．上海：上海书店，1927：203-246。

3.1.3 中华人民共和国成立后“传媒经营”的又一次起落

1949年，中华人民共和国成立。在短短几年的过渡期后，经营性传媒组织在中国消失了近三十年。

1949年12月，中央人民政府新闻总署在北京召开了全国报纸经理会议。会议决定实行两个措施：“报纸经营实行‘企业化’方针；报纸发行实行‘邮(递)发(行)合一’方针。要求全国报纸特别是国营报纸必须转变供给制思想，把报纸作为生产事业来经营，逐步实现经济核算制，精简机构，厉行节约，逐步改变依靠政府补贴状况，达到经费全部或大部自给。”①可见在中华人民共和国成立伊始，政府对传媒事业的态度还是希望其实现自负盈亏，进行企业化运作的。

1950年3月，新闻总署召开了全国新闻工作会议，讨论关于改进报纸工作、统一新华社的组织和工作、建立全国收音网等问题。会议强调全国报纸的宣传报道应服从于生产建设这一中心任务；5月总署发布《关于改进报纸工作的决定》，明确提出为了适应全国逐步转入以生产建设为中心任务的情况，全国报纸的主要内容和篇幅应当用来报道人民生产劳动的状况，宣传生产工作和经济财政管理工作中成功的经验和错误的教训，讨论解决这些工作中所遇到的各项困难的办法；9月中共中央宣传部发出《关于报纸实行企业化经营情况的通报》，通报中要求新闻总署检查各报的经营情况，批判各种错误观点，督促各报切实执行企业化经营方针，以盈余来减低报价，扩大发行，帮助发展下级小报，做到自给自足。

但私营传媒业经营却面临重重困难。由于读者对私营报纸的不信任，其发行和广告收入大幅下降。而政府对媒体实行分工制，使得私营报纸不得不放弃原有熟悉的新闻资源，转到新的报道领域。同时又因为政府要求报纸除刊登新闻外，还要发挥政治宣传功能和对工作指导功能，这使得私营报纸报道内容无法与党报竞争。内容质量的下降又使得读者减少。而“邮发合一”的发行制度让民营报纸原有的多种促销、发行手段变得单一，从而又导致发行量的下降。这一恶性循环让私营报纸经营十分困难。1950年3月，全国私营报纸还有58家，6月底为43家，11月底减至39家，12月底为34家，1951年4月底减为31家，8月底仅剩

① 方汉奇. 中国新闻事业编年史：中[M]. 福州：福建人民出版社，2000：1604。

25 家。[①] 私营报纸无论是经济实力还是社会影响力都显得相当窘迫。由于经营状况困难，私营报纸从 1950 年起，就开始了公私合营的进程。政府通过资金援助、物质援助以及参与经营等方式试图帮助私营报业走出困境。截至 1953 年，所有私营报纸都转变为公私合营报纸，后来又逐步退还私股，变为国营报刊。

私营广播电台的经营与报业情况相同，同样惨淡。由于中央对广播电台的规定，那些被暂时允许继续经营的电台播出内容基本以娱乐节目为主，特别是地方戏曲、曲艺节目。节目播出内容单调无新意，使得听众流失严重。而为了追求更多的商业利益，大部分私营电台开始播送格调低下的节目，但很快就被政府整顿改造。

1950 年 10 月，出版总署发布了《第一届全国出版会议关于改进和发展全国出版事业的五项决议》，提出："各类期刊应根据其性质和读者对象，逐步做到专业分工。性质相同的期刊，在自愿的原则下可通过协商分工、联合或合并来实现。且应大量增加各种性质的通俗期刊，以配合工农兵的识字教育与文化、政治、技术教育。在多民族地区应主要出版各民族语文的期刊。"私营出版机构的数量虽然出现增长，但经营境况与其他传媒业并无差异。私营出版机构的社会主义改造也同其他传媒机构一起进行着。[②] 1954 年中宣部转批了出版总署《关于整顿和改造私营出版业的报告》，指出对出版业的社会主义改造到 1955 年 6 月全面完成。

1954 年 9 月，中华人民共和国第一部宪法诞生，宪法中确定了国营经济的主导地位，明确提出国家对资本主义工商业采取"利用、限制和改造的政策"，逐步以全民所有制代替资本家所有制，以发展生产合作社作为改造个体手工业的主要道路。随后，政务院通过《公私合营工业企业暂行条例》。这意味着，私人所有者将基本失去对企业的支配权和管理权。

1955 年，对私营传媒机构的社会主义改造彻底完成。此时，仍有个别学者再次提出了传媒经营这一议题。王中教授就提出了报纸的两重性问题，他认为报纸不仅是宣传工具，也是商品，应在商品基础上发挥宣传的作用。然而，在计划经济体制的大环境下，"传媒的商品性"作为"异教学说"受到排斥。

---

① 张旭培．新闻学新论[M]．北京：当代中国出版社，1994：260。

② 方汉奇．中国新闻事业编年史：中[M]．福州：福建人民出版社，2000：1622。

随着社会主义改造进程的完结，中国也正式走进了计划经济时代。国家通过严格审批、财政拨款、统一发配物质等方式在传媒事业中排除了市场因素，传播机构完全属于公共事业机构，中国传媒业的市场经营也就不复存在。

至此，经历了约半个世纪的岁月，关于中国传媒经济的研究也仅存在于 20 年代与 30 年代间，那几位学者的浅释。

3.2 市场呼唤下传媒经济学研究的发轫

在经历了“三反五反”“大跃进”以及“文化大革命”后，中国传媒机构的功能发生巨大变化，其以新闻报道为核心，进行传媒内容制作以及丰富的传播内容供给的基本功能被忽略。直到 1978 年 12 月，中国共产党第十一届三中全会召开，社会主义现代化建设成为会议讨论焦点，“一个中心，两个基本点”这一基本路线的提出，使中国开启了改革开放的序幕。传媒事业同样也随之翻开新的篇章。

3.2.1 传媒经营问题的再度提出及其现实发展

“以经济建设为中心”的关键，就是进行经济体制改革。中国将从传统的计划经济走向市场经济时代。而当时传媒机构的状况是：政府以行政手段构建了高度集中、统一的国有新闻事业。传媒按照行政级别实行结构划分，分为中央、省、地(市)、县四级办报、办台；传媒的建立权从属于相应各级党政机关，保持行政隶属关系并接受其领导；传媒的功能、风格、受众定位以及发展方针均由上级行政机关确定，自身没有自主权；传媒品种基本上由非营利的宣传性的党报、电台、电视台垄断。因传媒所需经费由政府财政支付，所以传媒的主要功能为喉舌功能，不负责经营问题。在这样的现实情况下，传媒机构生存状况并不理想。当时全国仅有《人民日报》《解放日报》《文汇报》等少数大报依靠发行收入能做到开支平衡，多数报纸不能自给自足。而财政更多的是从制度上给予供给，资金上的支助很少。这样的状况阻碍了传媒机构在新时期的生存与发展，传媒自身在呼唤着改革。

1978 年，《人民日报》等八家首都报纸联名向中央财政部报告，要求实行“事业单位、企业化管理”。希望通过一定程度的自主经营来获取经济收入，摆脱入不敷出的现状。同年，财政部批准了这一报告。“事业单位，企业化管理”，这几个字的内涵是指传媒机构在保持其原有的所有制、政治立场、编辑方针的前提下，在经营管理体制上采取企业化的运作方针，做到自主经营、独立核算、依法纳税。报业从事经营活动所获得的收益用以改善报社技术设备、办公条件以及增加职工收入和福利。这一事件标志着中国传媒正式走上产业化之道。且无论政府是否接受“产业化”一词，中国传媒改革的实践正沿着这条道路进行着。

改革开放以前中国传媒生存的整体状况是传媒的市场属性基本上被否认，中国传媒业被纳入高度统一和意识形态的管理范畴之内。以报纸为例，从中央到地方，各级党报几乎成了唯一的面向公众的综合性报纸，形成了单一的党报体制，作为各级党委的机关报，党报的业务服从党的各项方针政策的指导和接受党的领导。国家实行指令性计划经济背景下，媒体所有的资源分配与获取都是从上而下按计划进行的，创办报纸要由国家严格审批，经费由政府财政拨款，印刷物质由计划统一分配，发行由邮局包揽，订阅由单位公费支付。① 其他类型的媒体的管理模式和生存模式也都基本遵循着这一路径，致使中国传媒的功能、定位和属性一度被置于僵硬的意识形态规范之内。改革开放以来，党和政府的工作中心由阶级斗争转向经济建设，并且逐步在国民经济发展领域引入市场化机制，中国传媒整体生存的经济、政治和文化生态已经发生了巨大的变化，迫使传媒做出相应的反思和选择，改革与新形势要求不相适应的传统传媒体制和运营机制接受市场的调配和遵循市场的供应规律。

作为大众传媒的中坚力量，报纸是主动步入市场主动尝试“事业单位、企业化管理”这种混合型媒体体制改革的开拓者。随着媒体的发展和社会的变迁，作为国家已经无力支撑巨额的媒体运营费用。1978 年，以《人民日报》为首的首都八家中央级大报基于希望“通过适度的自主经营获得一些经济收入以弥补政府财政补贴的不足”②的理由联名向中央财政部报告，要求实行“事业单位、企业化管理”，由此揭开了中国传媒体制首次改革的华丽篇章。当时提出的“事业单位、企业化管理”的具体内涵主要是，新机构（报社）在保持其“事业”单位的基本属性

---

① 唐绪军．报业经济与报业经营（第二版）［M］．北京：新华出版社，2003：105-106。

② 吴晓波．“强国梦”：曲折中的崛起——新中国六十年经济建设回望［N］．经济观察报，2009-08-07。

不变的前提下，即保持其原有的事业体制、政治立场、编辑方针的前提下，在经济管理体制上采取“企业化”的运作方自主经营、独立核算、自负盈亏、依法纳税。① 报纸可以从事一定的经营活动，所得的一部分用以增加职工收入和提高职工的福利待遇，也可以用于改善报社的条件和技术设备。② 报告获得中央财政部的批准标志着中国传媒市场化的起步和开始。其中恢复报纸广告是报业市场化的一个重要标志。

1979 年，国务院发布文件，允许企业自销超计划产品，开辟了物资流通的“第二轨道”——市场轨道。同年中共中央宣传部发文肯定报纸恢复广告的做法，并颁布了《关于报刊、广播、电视台刊登和播放外国商品广告的通知》，规定“广告宣传要着重介绍四化建设中可借鉴参考的生产资料，消费品除烟酒外，也可以刊登”。随后，财政部颁发了《关于报社试行企业基金的管理办法》，再一次明确报社是党的宣传事业单位，在财务管理上实行企业管理的方法。

由此开始，广告获得了它的合法性身份，成为推进包括报纸在内的中国传媒市场化的最有力的利器之一。广告经营成为传媒经济的重要组成部分。

3.2.2 “混合体制”引发的学术探讨

自 1978 年财政部批准八大报社的联名报告后，关于“混合体制”相关议题的思考在学术界悄然开始。广告人丁允朋于 1979 年 1 月 14 日在《文汇报》上发表了一篇名为《为广告正名》的文章。文章指出：“有必要把广告当作促进内外贸易，改善经营管理的一门学问对待。”③作者希望改变大众对广告固有的偏见，为广告存在的合法性与必要性进行论述，从理论上为我国广告市场的复兴、传媒市场的发展走出了第一步。沉寂了数十年的广告市场由此开启了风雷激荡的市场化之路，这之后，各类广告开始在各地的报纸、电视、广播、杂志等媒体上陆续出现。

市场化是媒体发展的历史必然选择。“事业单位，企业化管理”的内涵是报社属于事业单位的根本性质不变，但可以从事一定的经营活动，经营所得的一部

---

① 董天策，等．中国报业的产业化运作[M]．成都：四川人民出版社，2002：29-30。

② 张金海，余晓莉．传媒发展政策导向与制度变迁[J]．中国媒体发展研究报告，2005(9)：123-134。

③ 丁允朋．为广告正名[N]．文汇报，1979-01-04。

分用以增加职工收入、福利或改善报社办公条件、技术设备。混合型管理体制在一定程度上保证了中国传媒业作为党和政府的宣传工具履行其“喉舌”职能，也使得传媒组织通过市场化运营摆脱对政府财政拨款的依赖，从而获得持续发展的经济活力。中国传媒事业属性和产业属性兼具的双重属性格局得以形成。“在这样的双重属性格局之下，事业属性和产业属性之间形成一种相互补充、相互制约的关系。传媒机构的事业属性决定了它的利益方向、政治取向、工作原则以及行为方式等；而其产业属性为机构的生存、发展和壮大提供了强大动力。它们形成了一个复杂的综合体系，各自发挥着作用，又制约着对方的存在方式和发展状况”。① 这种混合型体制对于传媒发展意义重大，在一定程度上使传媒摆脱了过度集中的计划经济的束缚和僵硬的意识形态控制，获得了适度的自主权，是媒体从完全的计划经济运作向市场经济运作发展的一个重要转折点，是中国社会转型过程中政府鼓励媒介走向市场的重要举措。混合型体制确立了传媒市场化发展的合法性，极大地解放了传媒的生产力，传媒自身的经营积极性被激发，开启了不可阻挡的中国传媒市场化，产业化道路。“事业型单位，企业化管理”混合型体制的建立事实上赋予了中国媒体一种“双重身份”：“这种双重身份是由经济利益集团和国家意识形态所设置的，使得媒体在运行过程中，服务国家所代表的‘公益’(public interests)与满足本团体的‘私益’(private interests)相互掺杂，难分你我。”②

“事业型单位、企业化管理”传媒混合型体制的确立，使得传媒在一定程度上摆脱了僵硬的意识形态的控制和过度集中的计划经济的束缚，获得了适度的自主权，标志着媒体从完全的计划运作向市场运作发展的重要转折，是政府鼓励传媒走向市场的重要举措，也开启了不可阻挡的中国传媒的市场化、产业化道路。混合型体制的建立激发了传媒自身的经营积极性，确立了市场化发展的合法性，极大地解放了传媒的生产力。从此，中国传媒业发展翻开了新的一页，中国传媒的经济活动在传媒业界的自主突破与政府政策的适时肯定下就此展开。

1979 年 1 月 4 日，中华人民共和国第一个报纸广告出现在《天津日报》中，

---

① 郑保卫．事业性、产业性：转型期中国传媒业双重属性解读[J]．今传媒，2006(8)。

② 潘忠党．历史叙事及其建构中的秩序——以中国传媒报道香港回归为例[A]．//郭建斌，吴飞．中外传播学名著导读[M]．杭州：浙江大学出版社，2005：409。

《天津日报》刊登了天津牙膏厂的“蓝天”牙膏广告；1979 年 1 月 28 日上海电视台宣布“即日起受理广告业务”，并播出了中国最早的国内电视广告：“参桂养容酒”广告。

而国家到了 20 世纪 80 年代，开始实行以“社会主义商品经济学”为思想指导的全面经济改革。1982 年，党的十二大提出“以计划经济为主，市场调节为辅”的重要指示。

1983 年，财政部对中央大报实行“利改税”，确定报社税后利润全部留做自身支配，这为中国报社的经营发展注入了一针催化剂；1983 年 10 月，第十一次全国广播电视工作会议出台《关于广播电视工作的汇报提纲》(中央〔1983〕37 号文件)，明确提出广电部门要“开展多种经营、广开财源”，“各级广播电视机构(下设)的服务公司或服务部，要实行事业单位企业化管理”，但仅限于服务公司实行企业化管理，还没有扩展到整个电视台。此时，广电部门的财政拨款和创收所得还是不能满足事业发展的需要。

1984 年 7 月，中华全国新闻工作者协会组织召开了“文化大革命”后的第一次全国性报纸经营管理工作会议。同年，国内各报纷纷采取面向社会招聘采编人员的形式，扩大办报队伍，推行职工聘用制，实行竞争上岗。

1985 年，政府允许企业按市场价出售和购买“计划外”的产品，从此开始正式施行生产资料供应和定价的“双轨制”。这是中国经济体制改革中一次重大的体制变革，它为非国有制经济的存在和发展营造了重要的经营环境。这种适应非国有制的改革战略为改革初期国民经济的恢复和重新焕发活力起到了良好的作用。“双轨制”的确立，成为此阶段中国社会改革的重要特征。在这样的宏观经济环境变化下，中国传媒业开始了市场的初步探索，传媒开始主动积极地进行经营尝试。

1985 年，《洛阳日报》率先开始自办发行，这引起了中国报业的连锁反应，这对中国报业经济产生了深远影响；1985 年，国家统计局将广播电视业列入第三产业进行统计，对广电产业市场化发展起到了指引作用。

1987 年 1 月，国家新闻出版署(国家版权局)正式成立，传媒管理也进入专业化归口管理时代；1987 年，国家科学技术委员会在首次编制的中国产业投入产出表中，将“新闻事业”“广播电视事业”纳入了“中国信息商业化产业”序列中，这是政府部门第一次正式表述，承认新闻传媒的商品性。

1988 年 2 月，原国家文化部、国家工商行政管理局联合发布《关于加强文化市场管理工作的通知》，明确使用了“文化市场”这一概念，并规定了文化市场的管理范围、任务、原则和方针。1988 年，国家新闻出版署和国家工商总局联合发布《关于报社、期刊社、出版社开展有偿服务和经营活动的暂行办法》，规定：“可以兼营广告；可以利用经济、科技、文化、教育、法律、卫生、生活等方面的信息，为社会提供有偿服务；经有关部门批准，可以举办文化交流活动或文艺活动；可以同企业的主管部门联合举办新闻发布会，信息发布会，以及技术交流推广活动；经工商机关核准，可以面向社会开展摄影、扩印、制版等有偿服务；可以成立读者服务部，经批准，可以兴办各种讲座、培训班、辅导班、函授学校等文教活动；可以结合本身业务和社会需要，举办经济实体（如造纸厂、印刷厂等）”，再一次肯定了传媒机构的经营性质。1988 年 10 月召开的“全国广播电视厅局长会议”提出，各级广播电视部门要进一步开源节流，通过多种渠道和方式增加自筹资金。除广告收入外，采取加大节目投入市场力度，增加节目的市场交易量，利用广电部门的人才和技术设备优势通过为社会提供服务来创收。比如，同音像单位合作，增加音像制品的出版发行；同社会机构合办节目，实行有偿服务；与国外合拍、协拍电视节目等。但创收仍在原有计划体制内进行，广电传媒的经济状况未能得到较大改观。以央视为例，1984 年 12 月，中国电视国际服务公司成立，这是中央电视台下属的具有独立法人资格的经营性机构，后改名为中国国际电视总公司，成为中央电视台第二大经济支柱。从 1989 年开始，央视逐步建成江苏无锡太湖影视城、河北涿州影视城、山东威海影视城、广东南海影视城。1990 年，央视与日本广播协会（NHK）合资建成梅亚地电视中心有限公司，这是一家集酒店和卫星电视传送业务为一体的大型综合性企业，开业以来取得了良好的经济收益。①

1989 年，国家工商总局发出《关于核发广告经营许可证的通知》。将传媒机构的广告经营活动纳入规范化的管理中。

1990 年，国家新闻出版署颁布了《报纸管理暂行规定》，明确了具有法人资格的报社可以开展有偿服务和多种经营活动。这是我国第一次从法规上肯定了

---

① 赵化勇．中央电视台发展史（1958—2008）．北京：中国广播电视出版社，2008：277。

“经营活动”这一传媒机构的行为，“副业”的概念被其正式取代。[①] 90 年代起，从中央到地方，各级报社纷纷开办各种形势、各种规模的经济实体，传媒机构的经营活动得到迅速发展。

1992 年，邓小平南方谈话发表，党的十四大确定建立社会主义市场经济的目标以后，中国全面进入经济转轨时期，这为媒介走向市场奠定了体制基础。传媒机构“双重属性”的理论得到了更广泛的认同。它不仅属于“政治上层建筑”，对人民的精神生活有着至关重要的责任与义务；传媒机构同时也是“经济信息产业”，它有自身发展、壮大，寻求经济利益的需求。党的十四大后，传媒机构对于经营活动的热情更是空前高涨。报业扩版，兴办都市报，广播电台规模扩大，电视台节目频道大增，都为传媒市场带来了空前的活力。

1992 年，中共中央和国务院发布了《关于加快发展第三产业的决定》，首次明确地将广播电视归为第三产业，且指出“现有的大部分福利型、公益型和事业型第三产业单位要逐步向经营型转变，实行企业化管理”，这也是指导我国传媒产业化的重要政策依据之一；9 月，中国报协举行了全国报社经营管理经验交流会，“报业经济”这一概念被首次提出；随后出台的《中国报协对有关报纸行业产业政策和体制的五项意见》又取消了“报社不得从事与报业无关的纯商业经营”的范围限制。[②] 由此，中国传媒的多元经营尝试开始。

作为新时期中国传媒业的第一次重大变革，“事业型单位，企业化管理”标志着中国传媒的经营属性在近三十年的消失后，再一次浮出水面。在这种混合型体制下，“广告市场重启”“自办发行”等多项改革迅速将传媒机构带进了经营领域。传媒经济快速发展，为中国传媒经济的研究提供了重要的现实背景。传媒经济相关领域的话题又一次进入了学者们的视野。

传媒业界对传媒经营的急切探索、干涸已久的市场如久旱逢雨般迅速成长，这些都为中国学者提供了足够多的现实问题。而禁锢已久的思想在现实的冲击下也逐步解放开来。“思想的解放带来学术的开放”，[③] 传媒业混合体制的确立，使得对于传媒“双重属性”的理论探索再次被提出。

---

① 新闻传播学评论，http：//www. cjr. com. cn，2012-01-30。

② 中国共产党新闻工作文件汇编(中)[M]. 北京：新华出版社，1980：328。

③ 周其仁. 产权制度与制度变迁[M]. 北京：北京大学出版社，2009：5。

20 世纪 80 年代初，改革开放不断深入的同时，社会信息的多元化需求也开始出现。此时，随着西方传媒理论和思想自 20 世纪初后再一次传入中国，人们对媒介功能的认识开始发生改变。在新闻领域，一场关于传媒“党性和人民性”问题的讨论展开。“报纸是党和人民的耳目喉舌”这个传统属性的理论认识在新的市场化背景下被不断演进，传媒经营的发展实践证明了传媒角色应是一个不断发展的概念。随着市场的逐步放开，传媒属性的认知也有了思想上的解放：传媒在努力满足社会信息需求的过程中，除具有“喉舌”功能外，在传播信息、普及知识、提供娱乐等社会生活方面也有着重要的不可替代的作用。传媒的多元功能观逐渐被传媒领域普遍接受，同时，作为参与市场竞争的经济组织之一，传媒在呈现信息组织和政治工具的社会属性的同时，又具备利益组织的特征，体现其经济属性。

1985 年，张达在《新闻知识》第 1 期上发表了题为《谈谈报社的企业化》一文，提出了报业经营问题。1986 年，时为中国社会科学院新闻研究所研究员的陈力丹在《新闻界》撰文对第 5 期《中国新闻不是商品》一文提出不同看法，发表了《新闻是一种特殊商品》的文章。文章围绕新闻是不是商品这一议题展开讨论，指出“新闻界不是处在经济改革之外，在中国的商品经济下，新闻应当是商品”。① 20 世纪 80 年代关于传媒经济问题的讨论，还只停留在观念的引入层面。1988 年，《新闻战线》第 3 期发表了天津日报社秘书长冯百祥的《深化报业经营管理改革的探讨》一文，从思想、理念上阐释深化报业经营改革的方向，由此带来了探寻传媒市场化经营未来之路的热潮。② 覃修龙（1990 年），论述了报业经营和管理还没有上新闻理论的“正席”，这就造成中国报业理论与实际脱节。要想摆脱中国报业面临的困难，必须总结经验，继续探索经营企业化的路子，建立报业经营和管理的理论体系，使报业进入良性循环的轨迹。③

学界围绕中国传媒的多元功能所展开的相关讨论一直持续到 21 世纪初。时任中国广告学会学术委员的徐益（1989 年）撰文《试论社会主义广播电视广告的特征》，浅析了中国广播电视广告存在的依据及特征，提出“广告是商品经济的产

① 陈力丹．新闻是一种特殊商品[J]．新闻界，1986(6)。

② 冯百祥．神华宝业经营管理改革的探讨[J]．新闻战线，1988(3)：40-41。

③ 覃修龙．试论报纸经营企业化问题[J]．新闻知识，1990(1)。

物，随着商品生产的发展而发展。作为一种信息的广告本身是没有阶级性的，只要存在商品经济就必然产生广告”。① 杨旭才于《中国广播电视学刊》1990年第6期发表《广播电视传播的经济功能及等价交换》一文，认为“党性原则和喉舌性质是我们社会主义中国广播电视的本质属性，但这并不排斥商品属性的存在与发展，而且我们广播电视的商品属性是服从于本质属性的，两者有主有次，并且是统一的。电视广告正是适应了商品经济的这种需求，是种必然”。② 面对广播电视领域方兴未艾的市场化潮流及争议，作者给出了自己的疑问式思考，“是用已经落后的理论修正走在前面的实践呢；还是适应发展中的实践，理论修正自己呢？这是我们从事广播电视理论研究工作的同志所面临的严肃课题”。③ 穆昭山在《现代传播》1991年第4期《试谈电视广告的作用及不足》一文中，以北京电视台、大连电视台、沈阳电视台的经营实际为例，佐证了电视广告对于电视台盘活经营的重要价值，广告收入弥补了国家拨款的不足。“自筹资金发展电视事业，扩大电视覆盖面，办好节目，丰富电视屏幕，成为办电视的必由之路”。④

这一时期，由于广告经营合法化，使传媒的经营角色开始凸显，广告经营成为传媒经营的主要形式，广告收入是传媒收入的主要来源，是传媒生存的重要依赖。所以可看到，关于传媒经济领域的研究，也大多集中在对于传媒经营属性的探讨和“广告”这两个重要主题上，且传媒业界的人员发表的文章较多，学界这时对这一话题的介入还是相当有限的。但此时，已可被看作当代中国传媒经济学研究的开端，中国传媒经济的相关研究在市场的推动下、业界的呼唤下逐步展开。

3.3 本章小结

20世纪20年代，由于国内民营报业的迅速发展以及国外新闻传播学研究的

① 徐益．试论社会主义广播电视广告的特征[J]．中国广播电视学刊，1989(1)：39-42。

② 杨旭才．广播电视传播的经济功能及等价交换[J]．中国广播电视学刊，1990(6)：43-44。

③ 杨旭才．广播电视传播的经济功能及等价交换[J]．中国广播电视学刊，1990(6)：43-44。

④ 穆昭山．试谈电视广告的作用及不足[J]．现代传播，1991(4)：50-53。

导入，与西方学者接触传媒经济这一领域的时间相同，这时我国的新闻传播学者也开始了涉及传媒经济，特别是报业经营方面的研究议题。

但社会环境动荡、战火不断、政治体制与经济制度不断调整等现实，让我国的传媒业界、学界、学术研究都受到很大冲击。传媒经济相关议题的探讨被两次提起，亦被两次终结。直至 70 年代末期，在“市场经济”这一大的社会背景下，政府对于传媒机构混合体制逐步认可，关于传媒经济相关领域的研究才在以传媒业界人员为主的研究者笔下再次展开，传媒机构的属性问题、广告问题受到此时研究者的关注。在社会改革的浪潮中，我国传媒经济学研究就此拉开了序幕。

第4章　中国传媒经济学研究的“前科学”时期

1978年到1993年，在传媒业界的主动探索与政府的政策引导下，中国传媒业界对经营活动的充满激情，十分活跃。相比之下，学界对此显得比较冷静。这段时间从学界就传媒经营问题发出的声音并不多。此时传媒业界的经营活动可以说是“摸着石头过河”，这是在特定环境下对已无法适用、无法释疑的理论的暂时性的否定，它并不是完全否定了理论的指导作用。这正印证了邓小平同志在中国改革开放初期“只做不说”的改革训言。随着中国传媒市场化进度的不断加深，越来越多的现实问题等待着学界释疑，学界也逐步加大了对传媒经济相关话题的关注。从20世纪90年代初至今，中国传媒经济学研究经历了怎样一个发展过程？学科发展经历了哪些阶段？这是本书接下要讨论的重点。

4.1　中国传媒经济学研究的分期

如前文所述，早在20世纪20年代，西方研究者就对传媒的经济活动进行了较为深入的分析和研究。反观中国学者对这一领域初始的研究，也起于此时。但也正如上章所述，90年代初之前，中国传媒经济学只经历了关于“传媒经营”议题的讨论，谈不上研究。因此，从90年代后至今，中国传媒经济相关领域的研究才得到真正开展，而对这段时期的研究该如何进行分期，是笔者在进行传媒经济学研究的回顾时首要面对的问题。

研究者、研究机构和专业学术期刊是一个学科的三大构成要素，笔者也有意以这三个维度为分析切入点，来确定本书中国传媒经济学研究的分期。可对于中国传媒经济学而言，至今仍然没有专门的关于传媒经济领域的学术期刊，所以这一维度的分析无法进行。维持和发展某一学科领域的主要责任，必然是归于该学科学者自身，因为只有他们才懂得该学科的性质和前进的方向。“而学者科学能力最直接的体现，便是他们的文献数量”①，所以传媒经济相关的研究论文以及出版图书数量成为探讨研究分期的一个维度。为了从更全面的视角掌握分期问题，笔者决定从相关研究论文与出版图书的数量、研究机构的变化、研究者的变化这三个维度来综合判断在接下来的研究中，应该如何给这二十余年的中国传媒经济学研究分期。

4.1.1　中国传媒经济学研究的文献增长曲线

基于学者们对传媒经济学的研究对象、研究领域以及研究范式的总结，② 笔者以微观经济学、宏观经济学、产业经济学、制度经济学、管理学所对应的企业研究、市场研究、产业研究的框架选择了“传媒企业、传媒公司、传媒管理、传媒经营、传媒市场、传媒产业、传媒体制、传媒制度、传媒经济、媒介经济、媒介产业、媒介市场、媒介经营、媒介管理”等作为关键词，以“中国知网 CNKI 中国学术期刊网络出版总库”“中国学术辑刊全文数据库”“中国博士学位论文全文数据库”“中国重要会议论文全文数据库”“国际会议论文全文数据库”五个主要数据库为资料来源，以 2013 年 12 月 31 日为截止日期，通过检索关键词中含有或含有多个以上关键词的学术论文，对中国传媒经济学研究论文总体发展状况做一定程度的了解。共检索到论文 5594 篇，最早一篇③日期为 1993 年 1 月 31 日④；为了解传媒经济学研究整体情况，除了对研究论文做统计外，相关研究领域专著出版情况也是衡量一个研究领域发展状况很重要的一个标志。因此，笔者在图书

① 王崇德．文献计量学教程[M]．天津：南开大学出版社，1990：222。

② 杭敏，[瑞典]罗伯特·皮卡特．传媒经济学研究的历史、方法与范例[J]．现代传播，2005(4)：27；喻国明，宋美杰．传媒经济学研究的热点、局限与未来期待——2011 年传媒经济学研究综述[J]．国际新闻界，2012(1)：17；李宜蓬．传媒经济学研究的对象、方法与进路分析——对中国传媒经济学理论框架的建构研究[J]．现代传播，2012(8)：104-105；崔保国．传媒经济学研究的理论范式[J]．新闻与传播研究，2012(4)：88。

③ 由于数据库数据容量、所选择的检索关键词存在局限以及在当时的时代背景下，中国早期传媒经济学研究中相关概念的用法与现行研究有所区别等原因，这里的“最早一篇论文”是在本次检索下得到的最早一篇。对于在此之前的相关研究论文，在上一章中笔者已提及能收集到的相关论文。

④ 黄升民．新闻媒介的经营与开发[J]．中国记者，1993(1)。

检索系统内，通过检索与传媒经济学相关，如：传媒/媒介经济、传媒/媒介管理，传媒/媒介市场等，出版图书，得到图书共296本，最早一本图书出版于1997年。① 以这两组数据为基础，绘制出能直观反映中国传媒经济学研究概况的中国传媒经济相关论文、相关出版物年发表数量走势图(见图4-1)。

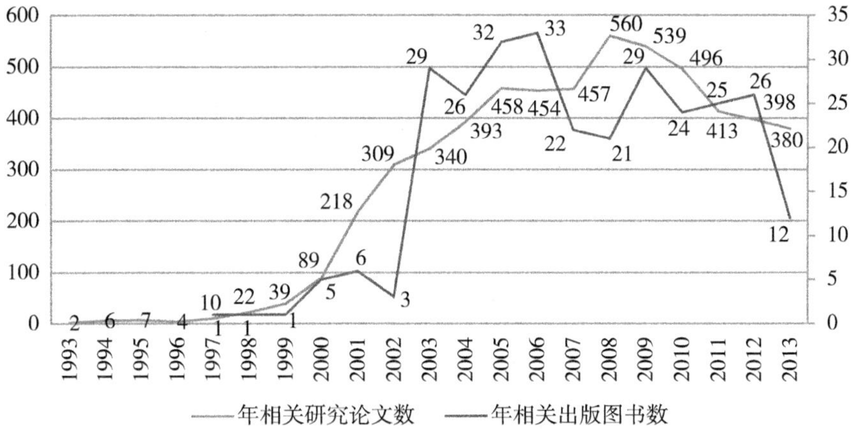

图4-1 1993—2013年中国传媒经济学相关研究论文、相关出版物年发表数量走势图

从“走势图”中可看出，中国传媒经济学相关研究论文和出版图书的年发表量曲线走势是基本一致的，这一曲线由两个主要部分构成：

(1)1993—2000年，这段时期是曲线的缓慢增长期。相关研究论文年发文量这段时期由1993年的两篇，增加到2000年的89篇，除1999年到2000年间发文量增长了2.28倍，数值由39上升到89外，其余年份的年发文增加量不超过20篇，特别是在1998年以前，年论文数量很少；再观察传媒经济学相关出版图书年增长曲线，它的起点为1997年，2000年以前，其年出版图书数量仅为1。因此这段时间两个曲线都呈现缓慢爬升的走势。

(2)2001—2013年，这段时期曲线在迅速提升后趋于平稳。2001年，与传媒经济相关论文发文量由上一年的89篇，增加到218篇，使得其年发文量突破100篇，增长了约2.5倍。随后以年均约15%的速到增长，2008年达到560篇。从2009年起，年发文量虽然有些回落，但其数值均在350篇以上；而相关出版图书

① 周鸿铎．传媒经济[M]．北京：北京广播学院出版社，1997。

的年数值虽在 2002 年回落到 3，却在 2003 年急速上升到 29 本，增长了约十倍，并在 2006 年达到年出版 33 本的最大值。虽然 2006 年后，年出版图书数量有所回落，但这一数值都保持在 20 本以上。在两条曲线中，2013 年数据因为笔者做数据统计时为 2014 年初，所以会有数据为进入统计的数据库，从而影响了它的数值，使它数值偏小。但总体看来，这段时期两条曲线均呈现在急速上升后趋于平缓。

而单就相关研究论文或出版图书年发文量来看，曲线虽能直观地反映出其变化趋势，反映文献增加和减少的过程，但无任何规律可循。可每年文献的累积数——该年与该年之前统计的各年文献数量之和——所代表的每一年的文献数量这一数据是有统计意义的。因为“逐年相加的文献累积数是一直在增加的，它能显现出某种规律”。①

有学者认为，任何一门学科的产生和发展，本质上也是一个逐渐成长的过程，其知识存量的增长所显示出的阶段性特征，与 S 形曲线(一般也成为 Logistic 曲线)有较高的相似性，本书尝试使用 S 形成长曲线来作学科知识存量增长状况的分析，来考量学科发展状况与学科发展的阶段性特征，从而发展出基于文献分析的学科发展研究中的 S 形成长曲线分析框架(见图 4-2)。

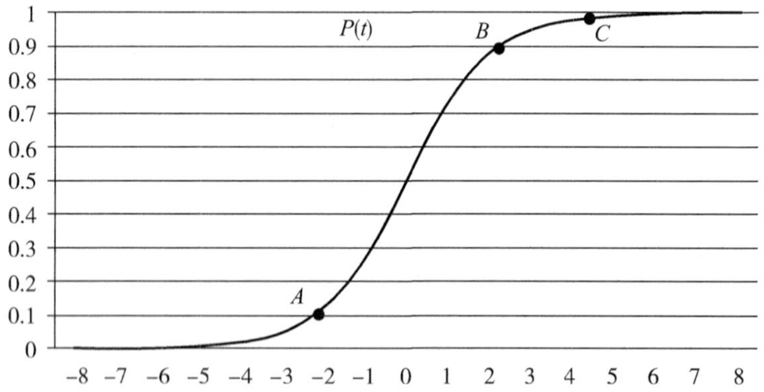

图 4-2　学科发展的 S 形成长曲线

① 王崇德. 文献计量学教程[M]. 天津：南开大学出版社，1990：199。

在学科初期(库恩所谓的前科学阶段)，文献的增长呈指数曲线(图 B 点之前)。

文献的增长迅速，表明学科发展势头旺盛。进入中期，文献增长势头有所下降(C 点)，表明学科正逐步迈向成熟。后期，文献增长速度很慢，学科进入成熟阶段(库恩所谓的常规科学阶段)。而随着学科的成熟，其文献累计数达到一定量时，文献就会出现从量变到质变的过程，从而使学科进入一个新高度、新层次(库恩所谓的新常规科学阶段)。①

笔者根据所得数据，描绘出中国传媒经济学相关研究论文、相关出版图书文献增长图(这个数字表明的是这一年可利用的一切文献，而不是该年发表的文献)。

由图 4-3、图 4-4 能清晰地看到，对于中国传媒经济相关文献的增长图，依据上文的介绍，它呈现非对称逻辑曲线状。对于逻辑曲线来说，在初始阶段，它十分接近于指数曲线，但超过拐点后，逻辑曲线不会无限地上升，它会趋近于一个极限值 $F(t)=k$。图 4-3 中的曲线所表现的正是一个由指数曲线慢慢趋缓的过程，一个由学科初期(前科学阶段)逐步迈向成熟的过程。将这一文献增长曲线的指数趋势曲线带入文献增长曲线后，得到图 4-4。从图 4-4 中发现指数趋势曲线与文献增长曲线存在两个交叉点，第一个交叉点出现在 2000 年，这时的文献

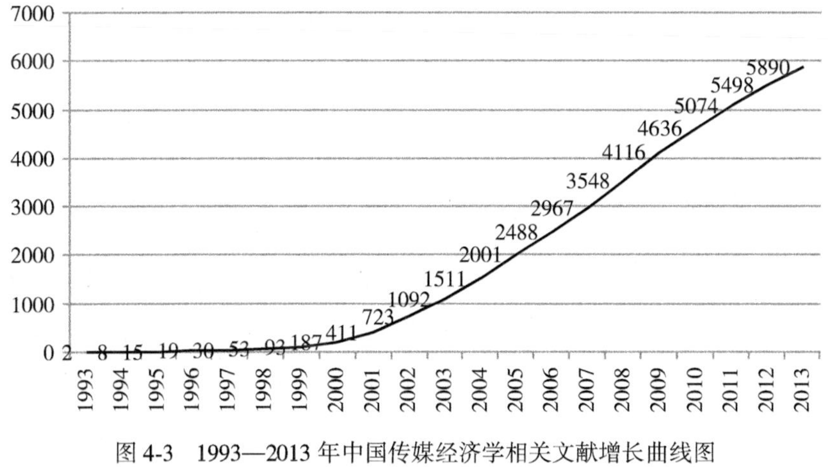

图 4-3　1993—2013 年中国传媒经济学相关文献增长曲线图

① 王崇德．文献计量学教程[M]．天津：南开大学出版社，1990：321。

增长曲线由下往上，穿过指数趋势曲线，处于它的上方；第二个交叉点出现在 2008 年，文献增长曲线在这里由上往下，穿过指数趋势曲线，处于它的下方。可见，对于中国传媒经济学研究来说，1993 年，2000 年，2008 年是三个关键点。

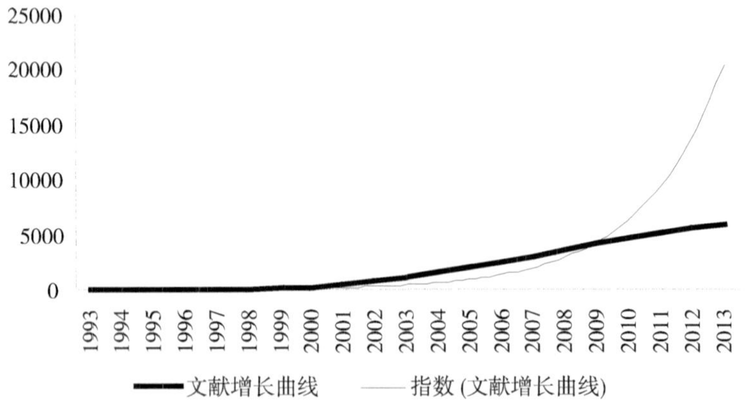

图 4-4　1993—2013 年中国传媒经济学相关文献增长曲线及指数趋势线图

值得注意的是，根据笔者的文献搜索结果，出现的第一篇与中国传媒经济学研究相关学术论文是在 1993 年，随后相关研究文献数量开始增加。中国第一个与传媒经济学研究相关的研究机构——北京广播学院广播电视经济研究室成立于 1994 年。基于本书进一步研究的需要，笔者将 1993 年作为中国传媒经济早期研究阶段的一个结点。

4. 1. 2　基于文献分析的基本结论

4. 1. 2. 1　高等学校是中国传媒经济学研究主要研究机构

在对相关文献数量进行统计分析后，研究机构的变化情况自然进入了我们分析的视野。研究机构是学术论文的产出单位，通过对发文频率较高的研究机构进行时空的排序，可以了解到该学科领域中主要研究机构的出现时间，以此来判断学科的发展过程。笔者现将中国传媒经济学研究相关论文中作者研究机构出现频次做出排名，排名前十的研究机构如表 4-1 所示。

表 4-1　　　　**1993—2013 年中国传媒经济学相关研究机构排名①**

排名	机构名称	发表论文数
1	中国人民大学	245
2	中国传媒大学	203
3	复旦大学	167
4	武汉大学	161
5	暨南大学	82
5	四川大学	82
7	清华大学	73
8	华中科技大学	72
9	浙江大学	67
10	湖南大学	65

通过上文提到的 CiteSpace 信息可视化软件，将中国传媒经济的 5594 篇相关研究论文中的出现频次排在前 20%的研究机构，以它们第一次出现的时间为一个时间点，进行了时空上的排序(见图 4-5)。

在出现频次排名前 10 的研究机构中(见表 4-1)，首现时间在 2000 年之前(包括 2000 年)的仅有中国人民大学(中国人民大学新闻学院、中国人民大学舆论研究所)、复旦大学(复旦大学新闻学院)两所高校。其余八所高校都出现在 2001 年(包括 2001 年)以后。时空图显示出出现频次较高的 25 个研究机构，从图 4-5 就能看出，除了上述两所高校以及南京师范大学(南京师范大学新闻与传播学院)外，出现频次较高，即对本学科贡献较高的研究机构在 2001 年后如雨后春笋般冒出。

中国传媒经济学的研究机构与西方传媒经济学相似，都是以学术实力雄厚且新闻传媒学科强势的高校为主。

① 为使统计结果更直接，排名直接选用各高校名称。在计算其出现频次时，是将其下属各学院或研究机构出现频次相加所得。如中国人民大学包括：中国人民大学新闻学院、中国人民大学新闻与社会发展研究中心、中国人民大学舆论研究所、中国人民大学等；中国传媒大学的统计中包括其前身北京广播学院的各机构。其余机构的统计亦是如此。

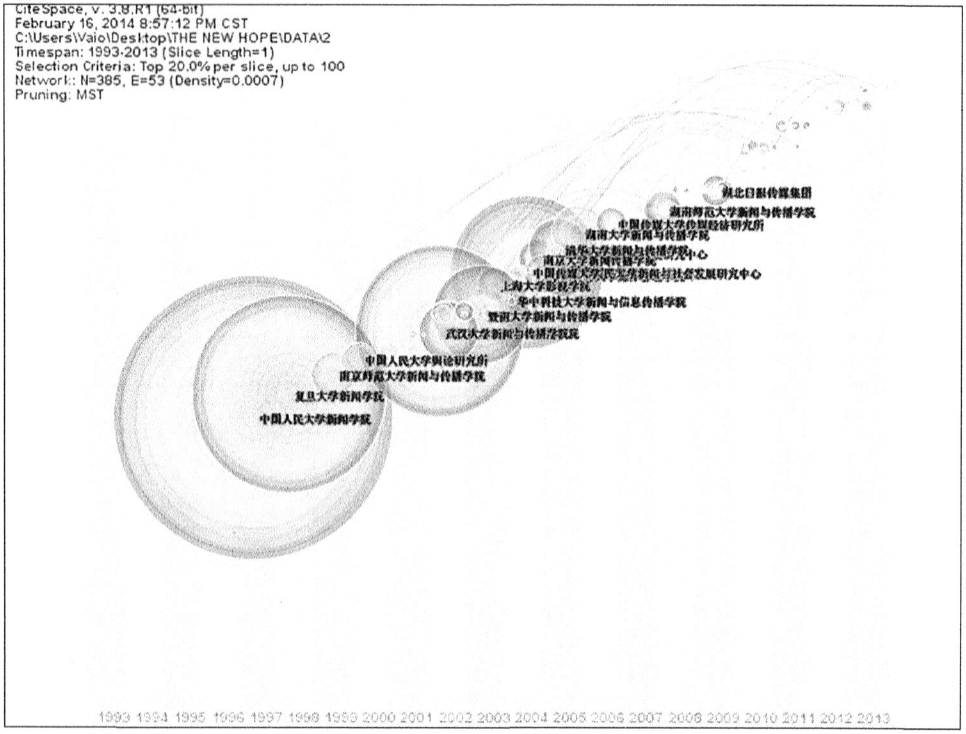

图 4-5　1993—2013 年中国传媒经济学相关研究机构时空图

4.1.2.2　新闻传播学学科背景的学者是中国传媒经济学研究主要研究者

作为学科发展决定性因素、研究机构基本组成、研究论文的主人，研究者存在着撰写论文多寡之分。而撰文数量较高的研究者，其出现以及分布与学科的发展阶段是息息相关的。在学科发展初期，会有以后比较核心的学者出现。但更多的日后比较活跃的学者，他们会随着学科的不断发展、不断丰富而被吸引进这一研究领域，他们是学科研究队伍不断壮大的核心成员。所以通过对发文频次较高的学者进行时空上的排序，同样有助于了解学科的发展进程。

将中国传媒经济相关的 5594 篇研究论文的发文作者出现频次进行排名，排名在前十位的作者如表 4-2 所示。

表 4-2　　1993—2013 年中国传媒经济学相关研究者排名

排名	姓名	频次
1	喻国明	141
2	曹鹏	76
3	周鸿铎	43
4	郭全中	33
5	朱春阳	28
6	崔保国	27
7	陈力丹	23
8	周笑	22
9	邵培仁	19
10	骆正林	17
10	吴贤纶	17

通过 CiteSpace 信息可视化软件，将 1993—2013 年中国传媒经济相关研究论文中出现频次前 10%的作者，以他们第一次发文时间为时间点，进行时空上的排序(见图 4-6)。

通过研究者时空图(见图 4-6)可发现，在发文频次排名前十的传媒经济学领域的研究者中，只有喻国明(中国人民大学)与曹鹏(经济日报社)的首次发文时间是在 2000 年之前(包括 2000 年)，其余作者的出现时间都在 2001 年(包括 2001 年)以后。且将发文频次排名在前 25 位的研究者带入时空图中，可看到，仍是除了喻国明与曹鹏外，其余研究者的出现时间均在 2001 年以后。2008 年后新出现的发文频次较高的研究者数量也突然减少，2008 年至 2013 年，只有三个名字(陈刚、范以锦、谭天)出现。

在对这些研究者的学科背景做了解后发现，与西方传媒经济学研究不同，中国传媒经济学研究的主要研究者学科背景以新闻传播学为主，且学者的学科构成比较单一。

根据以上中国传媒经济相关文献数、相关研究机构变化、相关研究者变化这三个维度的分析，有两个时间点出现在我们面前：2000 年与 2008 年。

从 2000 年起，中国传媒经济的相关学术论文年发文量迅速增加，相关出版

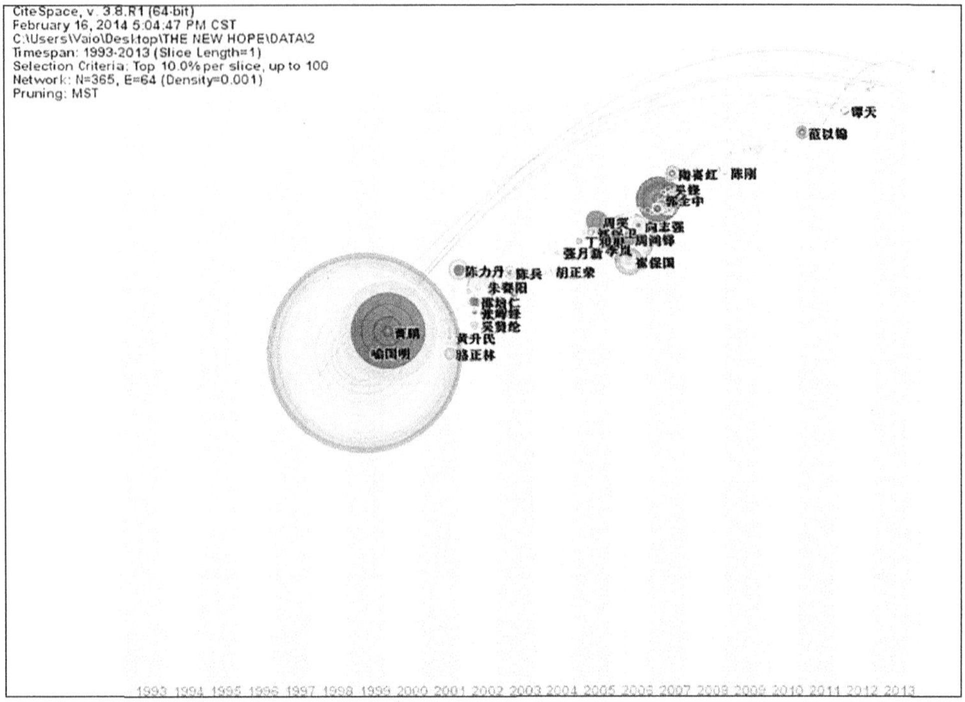

图 4-6　1993—2013 年中国传媒经济学相关研究者时空图

物数量迅速增加，相关文献增长曲线第一次与其指数趋势曲线相交，相关研究机构特别是发文量较多的研究机构涌现，相关发文量较多的研究者陆续出现；而在 2008 年，中国传媒经济学研究相关文献增长曲线第二次与其指数趋势曲线相交、相关发文量较多的研究者出现明显减少。

笔者认为，2008 年至今因为观察时间过短，对于学科发展的很多情况无法得到确切的解读。例如：无法确定传媒经济学文献增长曲线今后的具体走势如何，是持续平缓接近 K 值？还是继续爬升，斜率增加？这些情况根据现有数据都无法确认；同样，新进入这一研究领域的学者不可能有大量的研究论文产出，因此出现人数的减少是符合逻辑的。综上所述笔者将 20 世纪 90 年代至 2013 年的中国传媒经济学研究分为两部分：

(1)1993 年至 2000 年的缓慢增长上升期。

(2)2001 年至 2013 年的快速增长稳定期。

下文就将分别对这两个时期中国传媒经济学研究的发展情况做详细的分析与讨论。

4.2 政策引导下传媒业界的迅速壮大

在中共十四大后，建立社会主义市场经济体制成为我国首要改革目标。在这场市场经济体制建立的浪潮中，传媒业也紧随其后。

4.2.1 “建立社会主义市场经济体制”下的一系列政策

1993年3月22日，国家税务总局发出《关于进一步支持宣传文化事业的通知》，决定对出版业只征收增值税，不再征收营业税，税务总局从政策上鼓励了我国出版业的经营活动；同年国务院批转国家计划经济委员会《关于全国第三产业发展规划基本思路》，把文化、广播电视、新闻出版等各项列为“文化、体育事业”。作为一种事业就意味着是国家管理体系的组成部分，意味着传媒在进行经济扩张的同时，应该注重社会效应，强调了资产的国有性质。

1994年年初，上海东方明珠股份有限公司在上海证券交易所上市，这是1949年以来我国首家拥有传媒背景的企业上市，标志着传媒机构资本运作的开端；5月，国家新闻出版署发布《关于书报刊音像出版单位成立集团的通知》，这在政策上为传媒的集团化开辟了道路；经过十余年的探索和创新，在经历了“混合型体制”“两分开”后，至1994年5月前，中国已经有20余家报社宣称要走报业集团这条路，有些报社或已挂出了报业集团的牌子。1994年5月，在全国宣传思想工作会议后，国家新闻出版总署就组建报业集团发出356号文件《关于书报刊音像出版单位成立集团问题的通知》，提出“新闻出版要实行以规模数量增长为主要特征向以优质高效为主要特征的阶段性转移”，而为了实现这一转移，就应适时组建报业集团。通知同时提出“四不”要求：报业集团的组建只作少量的试点，不能蜂拥而上；不组建股份报业机构；不吸收与报业无关的商业、企业参加；不组建跨省区集团。且报业集团的组建要经新闻出版总署审批。1994年6月，在“全国首次报业集团问题研讨会”上，新闻总署提出了以党报为组建报业集团试点主力军的设想，并拟定了组建报业集团的必备条件。会议还认为，报业集团的组建有利于宣传部门对其进行管理。

1995 年，国家新闻总署在对全国 10 家省报和 15 家市报进行调查研究、详细分析国内报业发展的最新状况后认为，组建报业集团的时机已经成熟，并选定了条件相对理想的广州日报作为全国第一家报业集团试点单位。总署随后拟定了《关于进行报业集团试点的请示》提交中宣部，提到组建报业集团应具备五项基本条件：有影响的传媒实力，较雄厚的经济实力，较充足的人才实力，较过硬的技术实力以及较畅通的发行实力。广州日报被选为全国第一家试点单位正是因为其满足了新闻总署提到的五项基本条件。

1996 年 1 月 15 日，新闻出版总署给广东省新闻出版局发出了《关于同意建立广州日报报业集团的批复》，认为广州日报从思想理论、物质条件、运行机制等方面都做好了成为报业集团的准备，它具有比较雄厚的经济实力和人才储备，有先进的技术实力以及畅通灵活的发行实力，并且在运营中兼顾了社会效益和经济效益，因此由它组建中国首家报业集团的条件已成熟。文件还强调“中国报业发展迅速，至今已有公开发行的报纸 2000 多种。随着社会主义市场经济体制的建立，报纸的竞争也日趋激烈。在这种形式下，适时组建以党报为龙头的社会主义现代化报业集团，可以带动中国报业由规模数量型向优质高效型转移，由粗放型向集约型转移……建设社会主义现代化报业集团，是中国报业发展迈向新世纪的一个重要飞跃，是中国报业改革带有方向性的大事，它必将给中国报业的各方面带来深刻变化”。

1996 年 9 月，国务院下发了《关于进一步完善文化经济政策的若干规定》，不仅加大了各级财政对我国文化事业的投入，并根据社会主义市场经济的要求，拓宽了文化事业单位的筹集与投资渠道。

因广州日报报业集团试点的效果良好，1997 年 12 月，新闻出版署和中国报业协会共同在北京顺义召开了组建报业集团座谈会，从理论和实践上探讨了集团的性质、组织结构、运作模式以及扩大报业集团意义等有关问题。

1999 年 9 月国务院办公厅转发了信息产业部和广播电视总局《关于加强广播电视省级网络建设管理规定的通知》，要求省、直辖市组建广播电视在内的广电集团，倡导三台合一，实现集团化经营。同年 11 月 11 日，国家新闻出版署出台《关于落实中央“两办”30 号文件调整报刊结构的意见》，开始报刊业结构的综合治理，意在调整报刊结构，使之日趋合理。它的核心思想是为了适应社会主义市场经济体制下政府职能转变的要求，将行政行为与出版行为分开。

2000年1月，全国宣传部长会议在北京召开，会议针对组建传播集团这一主题提出了“股份制改革”“多媒体兼并”“跨地区经营”等问题；8月在兰州召开的全国广电厅局长会议上，对广播、电视、电影的改革列出了时间表；11月广播电影电视总局发出了《关于广播电影电视集团化发展试行工作的原则意见》。文件明确规定广播电视在以宣传为中心的前提下，可经营其他相关产业，并逐渐成为多媒体、多品种、多层次、多功能的综合性传媒集团。

而2000年10月，党的十五届五中全会通过的《关于制定国民经济和社会发展第十个五年计划的建议》，第一次在党的中央文件中使用了“文化产业”的概念，并要求“完善文化产业政策，加强文化市场建设和管理，推动有关文化产业发展”。

经过梳理可看到，在中共十四大以后，在建立社会主义市场经济体制这一大的社会背景和政治指导下，1993年至2000年，中央政府或各部委几乎每年都有关于我国传媒机构改革的“文件”“通知”“意见”颁布，从政策上为我国传媒机构市场化铺平了道路，指明了方向。

4.2.2　传媒机构的改制与壮大

如果说1978年《人民日报》“事业单位，企业化管理”是首开市场化先河。那继此之后，在政策指引下、在社会主义市场经济体制建立的大背景下，出现了一系列的改革热潮：广告、发行、扩版、增刊、创办子报子刊、组建传媒集团等市场化改革都被一一实施，则给中国传媒业带来了巨大活力。①

自从“混合体制”确立以来，到20世纪90年代中期，全国公开发行的报纸数量已超过2000份，这些报纸大多规模小，且属于不同部门，因此很难管理。在组建报业集团后，宣传部门可以直接通过集团总部来控制各子报子刊。

1998年，在政府的推动下，报业集团化进程速度加快。2月，国家新闻出版署制定了《新闻出版业2000年至2010年发展规划》，提出：“要扶植有影响的党

① 潘祥辉．中国传媒业改制的逻辑与困境——从“中华新闻报”停刊说起[J]．当代传播，2010(2)：42。

报实施兼并、重组、建立以党报为龙头的报业集团，到2000年，报业集团要扩大5～10家，2010年，报业集团要有较大发展，经营规模上亿元的报社要达到总数的10%。”5月18日，南方日报社、羊城晚报社组建报业集团，至此，中国三家报业集团都集中在了广州这一城市，这标志着广东报业成为中国报业的领头羊，引领中国报业的发展。6月8日，中共中央宣传部、国家新闻出版总署先后批准了光明日报社、经济日报社组建成为报业集团，这是中央级报纸的首批报业集团。7月25日，新民晚报社和文汇报社合并成立文汇新民联合报业集团，成为中国首家由两大报社通过联合的方式组建成的报业集团。在报业集团的试点阶段内，中宣部与新闻出版署共批准了6家报业集团的建立，其中广东报业3家、上海1家、中央2家。这6家集团中有5家属于不同的报纸类型：广州日报是市级党委机关报，南方日报是省级党委机关报，羊城晚报是城市综合性晚报，光明日报是文化教科类的专业报，经济日报是经济类的专业报。被选中的试点单位具有很强的代表性。

由于试点期间，六家新成立的报业集团运营效率都有了明显提升，报业集团的传播实力、经济实力、人才设备等方面都得到完善，因此更加坚定了政府将报社继续集团化的决心，中国迎来了大规模的报业集团组建的第一个高峰。1999年新闻出版署批准了深圳特区报报业集团、辽宁日报报业集团、沈阳日报报业集团等5个报业集团成立，使报业集团总数达到11家。①

1999年2月，由上海人民出版社、上海教育出版社、上海译文出版社、汉语大词典出版社和上海图书公司联合组成的我国第一家出版集团——上海世纪出版集团成立；6月，无锡广播电视集团正式成立，成为我国第一家广电集团。

2000年12月中国第一家省级广播影视传媒集团——湖南广播影视传播集团正式挂牌成立。它以广告、节目、网络为依托，同时涉及了广播、电视、电影、印刷媒体、网络媒体、市场调查、旅游、酒店等多种行业，实施多元化经营的方针。湖南广播影视传媒集团在成立时，还提出了“六分开”原则：“政事政企业分开”“宣传经营逐步分开”“制作播出分开(新闻、广告除外)”“创作制作与制作生产分开”“经营性国有资产与非经营性国有资产分开”“有线的网台分开”。②

---

① 资料来源：1997—1999年《中国新闻年鉴》。

② 资料来源：《新闻出版报》2000年12月28日 一版头条“本报讯”。

2000年，全国共有6家报业集团，分别是：北京日报报业集团、浙江日报报业集团、河南日报报业集团、四川日报报业集团、大众日报报业集团以及解放军日报报业集团。而四川日报报业集团为中国西部地区的第一家报业集团，它的成立标志着中国报业向西部地区的挺进。①

同样在2000年，百度成立，新浪、搜狐、网易陆续在美国纳斯达克上市，中国互联网企业逐渐形成规模。

作为传媒机构经营总额中最主要的一部分——广告，其数值的变化不仅可体现传媒机构的市场化情况，更能体现传媒机构的经营状况。因此，对重提“经营”后的传媒机构广告经营额变化做个大概了解，有助于让我们对这些年中国传媒业的发展做个直观的了解。

据统计，1979年全国广告营业额约为1000万元。根据表4-3中1983年后报纸、广播、电视、期刊/杂志广告营业额占全国广告总额的比例推算，当时的传媒广告经营额在500万元左右；1983年，四大媒体的广告营业额突破1亿元大关，为1.18亿元人民币，占当时全国广告营业额的50.4%。这一数值在五年间翻了约24倍，而国内生产总值(GDP)在这五年间只增长了146.77%；又一个五年后，1988年，报纸、广播、电视、期刊/杂志的广告营业额为8.93亿元，占全国广告经营总额的59.81%，传媒机构的广告收入比重上升；1993年，全国广告经营额突破百亿大关，为126.44亿元，比上一年增长200%。同年报纸、广播、电视、期刊/杂志这四大传媒的广告经营额为72.48亿元，占到总额的57.3%；1998年，四大传媒广告营业额达到260.42亿元，当年全国广告总营业额为537.83亿元，媒体的广告营业额依旧占到广告总营业额的半壁江山；1979年至1998年，我国四大传媒的广告营业额从500万元增长到了260.42亿元，增长5208.4倍。这二十年间，我国GDP从3645.22亿元，增长到84402.28亿元，增长23.15倍。至2000年，我国四大传媒广告营业额达到341.91亿元。② 按照我国传媒产业化初期广告经营收入约占传媒产业整体收入35%计算，当时的传媒产业总产值已超过1000亿元。可见，政策放开、经营重启给中国传媒机构带来了

① 资料来源：2000年《中国新闻年鉴》。

② 以上数据来源：《中国工商行政管理年鉴》编辑部.《中国工商行政管理年鉴》. 中国工商出版社，1992—2001；中国国家统计局网站 http：//www.stats.gov.cn/tjsj/。

爆发式的增长，中国传媒业在迅速发展着。

表 4-3　**1983—2000 年全国报纸、电视、广播、期刊广告经营额，全国广告经营额表①**　单位：亿元人民币

年份	报纸	电视	广播	期刊/杂志	广告总营业额
1983	0.73	0.16	0.18	0.11	2.34
1984	1.19	0.34	0.23	0.13	3.43
1985	2.2	0.87	0.27	0.28	5.53
1986	2.56	1.15	0.36	0.36	8.45
1987	3.55	1.69	0.47	0.45	11.12
1988	5.02	2.56	0.64	0.71	14.93
1989	6.29	3.62	0.75	0.85	19.99
1990	6.77	5.61	0.86	0.87	25.01
1991	9.62	10.01	1.4	9.99	35.09
1992	16.18	20.55	1.99	1.73	63.22
1993	37.71	29.44	3.49	1.84	126.44
1994	50.54	44.76	4.96	3.95	200.26
1995	64.68	64.98	7.38	3.82	273.27
1996	77.69	90.79	8.73	5.61	366.64
1997	96.83	114.41	10.58	5.27	461.96
1998	104.35	135.64	13.3	7.13	537.83
1999	112.33	156.15	12.52	8.92	622.05
2000	146.47	168.91	15.19	11.34	712.66

自此以后的传媒不再单纯局限于意识形态功能的发挥、宣传功能的凸显和社会公共利益的实现，经济利益和利润的实现也成为了媒体社会生存的基础支撑点与发展动力。关于中国传媒经济的研究在这时越发显得重要和需要。

① 数据来源：《中国工商行政管理年鉴》编辑部．中国工商行政管理年鉴[M]．中国工商出版社，1991—2000。

4.3 现实推动下传媒经济学研究缓慢前行

在“以经济建设为中心”，建立社会主义市场经济体制建设的现实下，传媒机构在这股潮流的推动中同样进行着变革。多元化经营、集团化组建、资本市场的参与，这些在十几年前甚至不敢想象的经营活动，如今正在中国大地如火如荼地上演。现实快速地发展，留下许多需要释疑的问题，此时的中国传媒经济学研究也随之起步。

1993 年至 2000 年，在这一阶段中，中国传媒经济学研究的概况怎样？中国传媒经济学研究的特点是什么？这是我们最需要关注的问题。综合前文的讨论，笔者将从研究机构、研究者以及研究内容这三个维度来回答以上问题。

4.3.1 来自业界与学界的知识生产

4.3.1.1 学界与业界并存的研究机构

以笔者从中国知网数据库中检索出的 1993 年至 2000 年的 179 篇论文为分析对象，得到表 4-4。

表 4-4　　1993—2000 年中国传媒经济学相关研究机构排名

排名	机构名称	发表论文数
1	北京广播学院(中国传媒大学)	9
2	中国人民大学	8
3	中国社会科学院新闻与传播研究所	7
4	复旦大学	4
5	武汉大学	4
6	暨南大学	4
7	人民日报社	3
8	经济日报社	3
9	上海社会科学院新闻研究所	3
10	南京师范大学	3

1993年至2000年中国传媒经济学相关研究机构排名中，出现频次在两次或两次以上的单位仅有十家。表4-4中最先引起笔者注意的就是在排名前十的研究机构中，出现了人民日报社(第七位)和经济日报社(第八位)两家传媒业界单位。说明在这段时期的有关传媒经济的研究中，中国传媒业界从业人员也是研究的主力军。中国传媒大学(第一位)、中国人民大学(第二位)、复旦大学(第四位)、武汉大学(第五位)、暨南大学(第六位)这些中国新闻传媒学科老牌强势高校在我国传媒经济学研究开端就进入了这一研究领域。

4.3.1.2　学科背景单一的研究者

通过对1993—2000年中国传媒经济学相关论文的研究者发文情况进行统计后，得到表4-5。

表4-5　**1993—2000年中国传媒经济学相关研究者排名**

排名	姓名	单位	发表论文数
1	曹鹏	经济日报社	10
2	谢金文	上海社科院新闻所	6
3	喻国明	中国人民大学	5
4	黄升民	北京广播学院(中国传媒大学)	5
5	刘宏	人民日报社	3
6	宋建武	中国人民大学	2
7	唐绪军	中国社会科学院新闻研究所	2
8	孔祥振	中共中央党校	2
9	骆正林	南京师范大学	2
10	刘强	淮海大学中文系	2

与研究机构的情况相似，在研究者发文频次前十的名单中，有两位研究者来自于传媒业界：经济日报社的曹鹏(第一位)、人民日报社的刘宏(第五位)。其余发文频次较高的研究者均来自学界。且与美国传媒研究者的构成和学科背景大相径庭，这段时期进入中国传媒经济学研究领域的几乎都为拥有新闻传播学科背景的学者，他们大部分是高校新闻传播专业教师。谢金文(第二位)为复旦大学

新闻系新闻学博士生，时任上海社会科学院助理研究员；喻国明(第三位)中国人民大学新闻系法学(新闻学)博士，时任中国人民大学副教授、教授；黄升民(第四位)北京广播学院(中国传媒大学)新闻系学士、日本一桥大学社会学硕士，时任北京广播学院新闻学副教授、教授。同样，宋建武、唐绪军、骆正林等学者也都具有新闻传播学学科背景。可见这段时期，涉足传媒经济学研究领域的学者构成比较单一。

研究机构与研究者的情况，说明了在中国传媒经济学研究初期加入相关研究领域的研究机构中，其构成既有来自业界的机构，也有来自学界的机构，但学界机构的学术实力较强，是国内新闻传播学科强势高校。这一时期研究者学科背景极为单一，以新闻传播学学科背景研究者为主，且参与研究者数量较少。

4.3.2 高度分散的研究机构与研究者

从这一时期中国传媒经济学研究机构和研究者发文频次的排名，可以得知此时研究队伍的大致组成状况。紧接着借用 citespace 文献分析软件对这两个内容分别从“关系”这个维度进行进一步分析，来更深入地了解这段时期中国传媒经济学研究队伍的情况。

这些出现频次较高的研究机构之间，不存在合作关系。并且从研究机构的关系图(见图 4-7)中可看到，这八年间，涉足于传媒经济相关研究的研究机构非常少。代表研究机构的小圆点寂寂寥寥地散落在关系图中。

通过对 1993 年至 2000 年研究机构概况做大致了解后得知(见图 4-8)，20 多数研究机构是在 20 世纪末加入我国传媒经济学研究这一领域的。且当时主要的研究机构中，传媒业界也占到了不小的比例。这时参与到我国传媒经济相关研究的研究者又是怎样一个情况呢?

同样，在这些发文频次较高的研究者间，并无合作关系存在。这表明在传媒经济学发展初期，为数不多的研究者之间也未形成合作，大家主要还是各为其政。

研究机构与研究者的关系图都显示出这段时期摄入中国传媒经济学研究的研究队伍除了上一小节讨论到的研究机构虽然实力较强，但研究者数量少、学科背景单一外，无论是研究机构还是研究者，核心成员间的联系都不存在，研究队伍

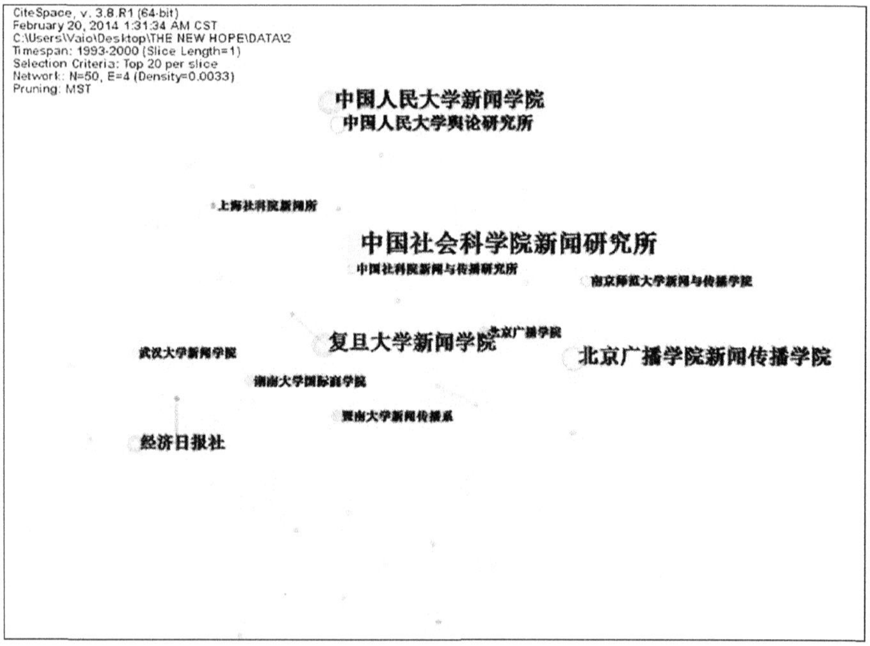

图 4-7　1993—2000 年中国传媒经济学相关研究机构关系图

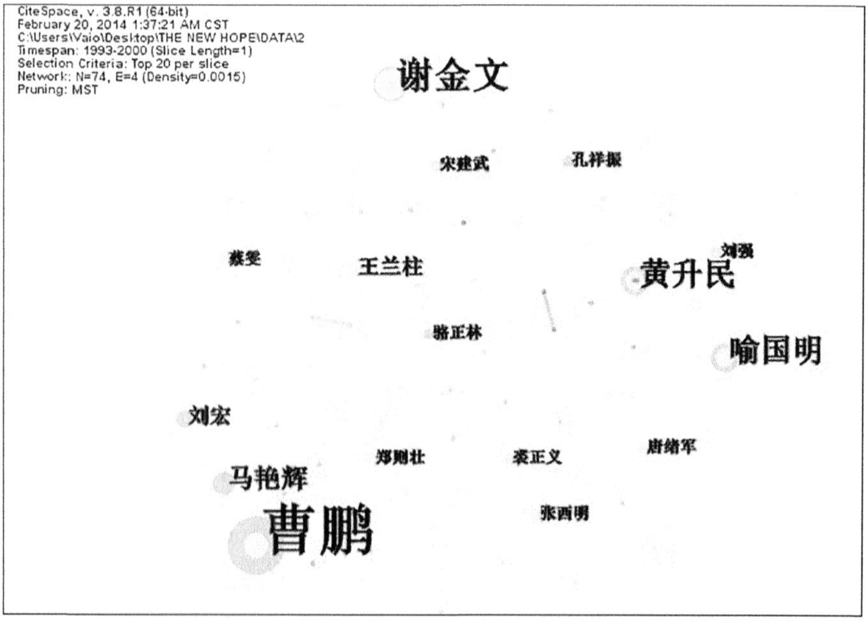

图 4-8　1993—2000 年中国传媒经济学相关研究者关系图

呈现规模小、高分散的状况。中国传媒经济学研究的科学共同体在这时完全不存在。

4.3.3 研究范式的缺失

从库恩对于学科“范式”概念的总结可得知，拥有一批坚定的拥护者、开放式的、能很好地进行“释疑”活动的科学成就被称为范式。而在规模小、高分散的研究队伍参与下，1993 年至 2000 年间中国传媒经济学的研究范式是什么？其对社会现实进行着怎样的“释疑”活动？笔者从研究机构、研究者以及研究内容的深入分析中，来找寻答案。

4.3.3.1 现实推动下不断壮大的研究队伍

研究机构时空图(见图 4-9)告诉我们，1997 年后，更多的研究机构逐步加入传媒经济领域的研究当中。特别是从 1999 年开始，才有大批研究机构的出现。结合当时传媒业的发展状况：1996 年，我国第一家报业集团广州日报成立；

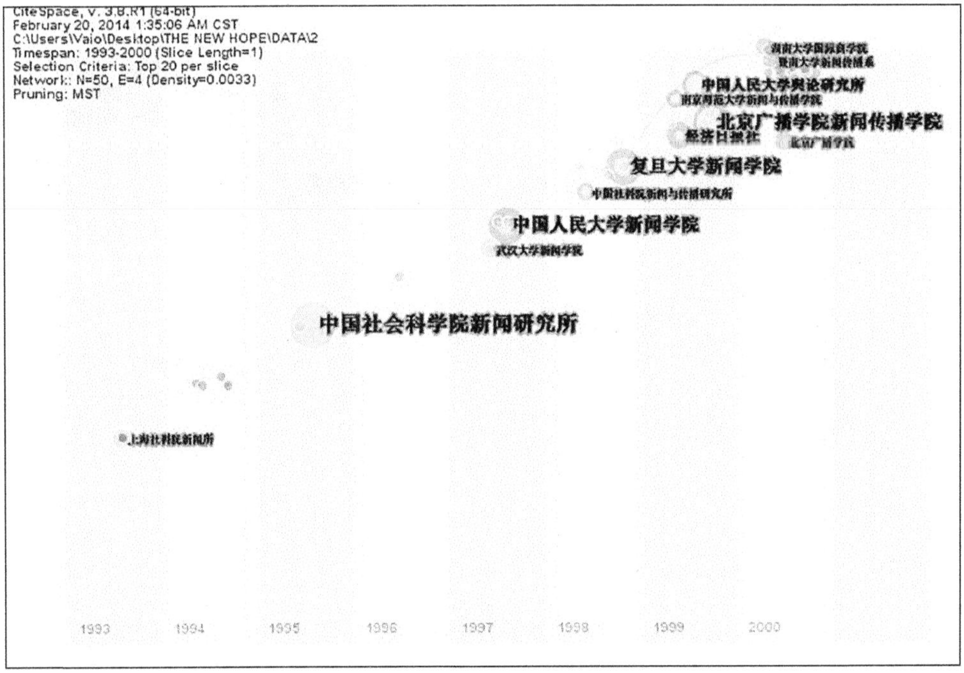

图 4-9　1993—2000 年中国传媒经济学相关研究机构时空图

1998 年，《新闻出版业 2000 年至 2010 年发展规划》颁布，同年，又有五家报业集团相继获批挂牌；到了 1999 年，全国共成立了十一家报业集团，且在国务院的推动下，组建广播电视集团的步伐越发紧凑；2000 年，“文化产业”这一概念第一次被中央文件使用，第一家省级广播影视传媒集团湖南广播影视传媒集团挂牌，全国共组建覆盖了东、中、西部的十七家报业集团。

20 世纪末，传媒集团的组建标志着传媒机构的经营走上了“集团化”这一快车道。传媒经营越来越受到国家层面的关注，“集团化”后又会面临更多的经营问题。这些现实都推动着更多的研究机构加入传媒经济这一研究领域当中。

研究者们进入传媒经济研究领域的时间也主要集中在 90 年代后期，特别是 1999 年与 2000 年这两年(见图 4-10)。在相关研究者进入此研究领域的时间中，传媒业界的研究者与学界研究者似乎也没有明显区别。从上一章的研究中可知，80 年代至 90 年代初，既有学者对传媒双重属性的问题、传媒经营问题发表文章，也有业界人员就这些问题发文讨论。而进入 1993 年至 2000 年，他们的研究也是穿插在一起的。

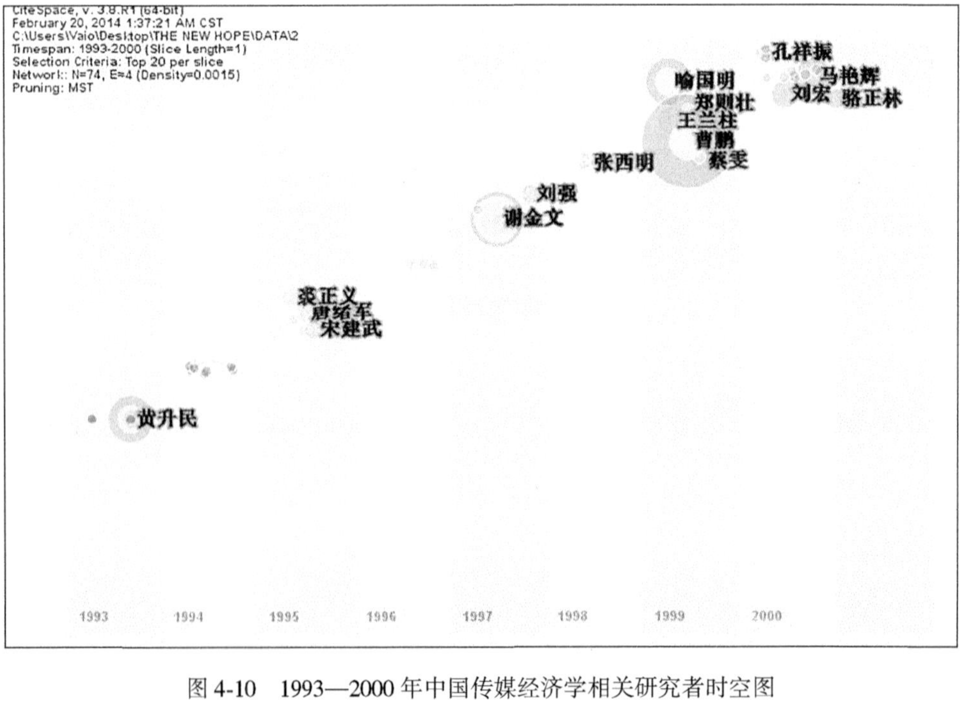

图 4-10　1993—2000 年中国传媒经济学相关研究者时空图

从对研究机构与研究者时空图的分析中可判断出，这段时期中国传媒经济研究队伍的发展，更多的是在现实推动下进行的。伴随着传媒产业、传媒市场的不断壮大，政策决定机构对传媒产业的重视，更多的研究队伍加入传媒经济相关领域研究中。

4.3.3.2 内容有限的研究主题

对研究主题的分析能从更为直观、具体的角度来审视研究的发展情况。研究主题的变化也透露出学科发展的重点与方向(见表 4-6)。

表 4-6 **1993—2000 年中国传媒经济学相关研究论文关键词排名**

排名	关键词	频次	排名	关键词	频次	排名	关键词	频次
1	传媒产业	42	11	上市公司	11	21	传媒经营	7
2	媒介市场	30	12	电视台	10	22	媒介经济	7
3	媒介产业	24	13	媒介产业化	10	23	广告收入	7
4	报业集团	21	14	传媒业	10	24	广播电视	7
5	媒介经营	21	15	传媒管理	9	25	大众传媒	7
6	传媒市场	19	16	证券市场	9	26	中国报业	6
7	新闻媒介	13	17	新闻传媒	9	27	社会主义市场经济体制	6
8	媒介管理	12	18	传媒企业	8	28	新闻事业	5
9	受众	11	19	产业化	8	29	广告媒介	5
10	资本市场	11	20	媒介产品	7	30	媒介研究	5

与分析西方传媒经济研究相关论文关键词时类似，笔者同样将与中国传媒经济研究相关的关键词分为三类：①传媒类型，如报业、电视、广播；②传媒市场行为，如经营、管理；③传媒市场组成，如受众、资本市场、传媒企业。

报纸、电视、广播是 1993 年至 2000 年这八年间研究最多的传媒类型；“产业”绝对是这段时期最为重要的一个关键词。在出现频次排名前 30 的关键词中，与“产业”相关的关键词就有 4 个，共出现频次 84 次。而排名前 30 的关键词出现频次总和也仅有 355 次，“产业”就占到了约 1/4；“市场”“经营”“管理”这些当时政策所提及的传媒机构改革热点词也成为了研究论文的高频关键词；在中共十四大这样一个社会大背景下，“社会主义市场经济体制”这样一个具有很强时代感的专有名词同样是当时研究的高频关键词；相对于 1993 年以前的“体制”问题被讨论很多，这八年间，对传媒机构体制问题的讨论似乎已不是主要研究内容。在排名前 30 的关键词中，与“事业”相关的仅有“新闻事业”(第 28 位)一个；传媒企业的资本运作成为这一时期研究的新亮点，“资本市场”“上市公司”“证券市场”这些与之相关的关键词频频出现。

从关键词关系图(见图 4-11)可看出，热点关键词间联系频繁，三大类别(传媒类型、传媒市场行为、传媒市场组成)的关键词间相互联系；与传媒资本运作相关的“证券市场”“上市公司”“资本市场”这三个关键词与其他关键词间的联系相对较低，它们自身构成了一块相对独立研究领域；同样，涉及“广告”“媒介产品”相关内容的研究时，与传媒市场行为类关键词的关联很少；“社会主义市场经济体制”作为具有时代性的一个关键词也显得比较独立；上文分析到的最重要的一个关键词“产业”，明显成为这一时期研究的中心，大多数关键词都与其相关联。

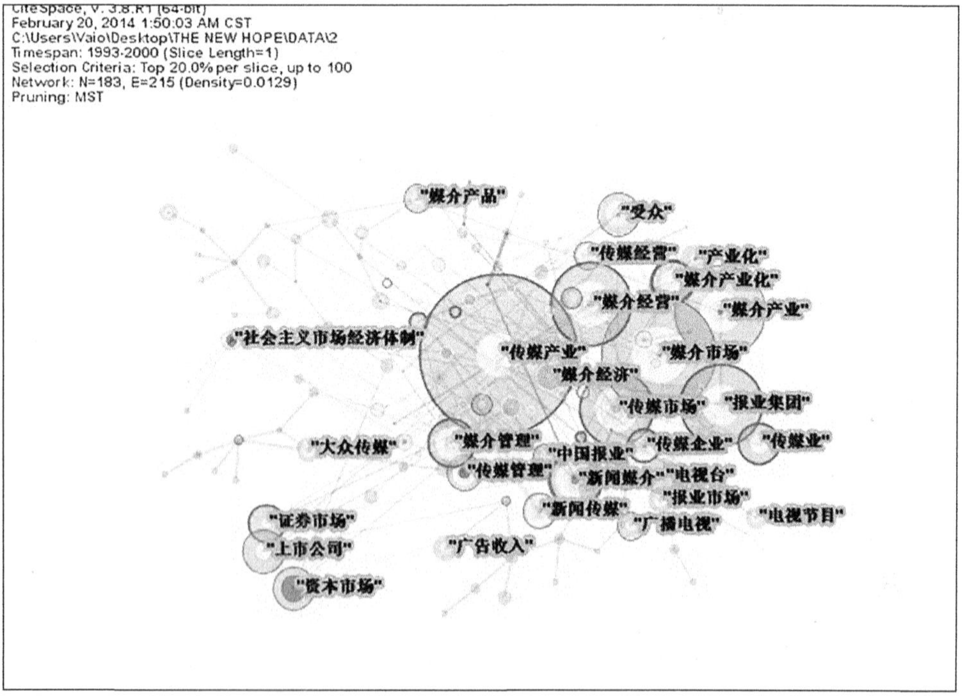

图 4-11　1993—2000 年中国传媒经济学相关研究论文关键词关系图

4.3.3.3 不成熟的“释疑”活动

将相关研究论文关键词时空图(见图4-12)与上文所记录的1993年至2000年间，我国传媒业发展中政策的发布、传媒机构的改革相结合。就能了解这一时期研究者们所进行的“释疑”活动是否具有现实意义和学术价值，即是否成熟。

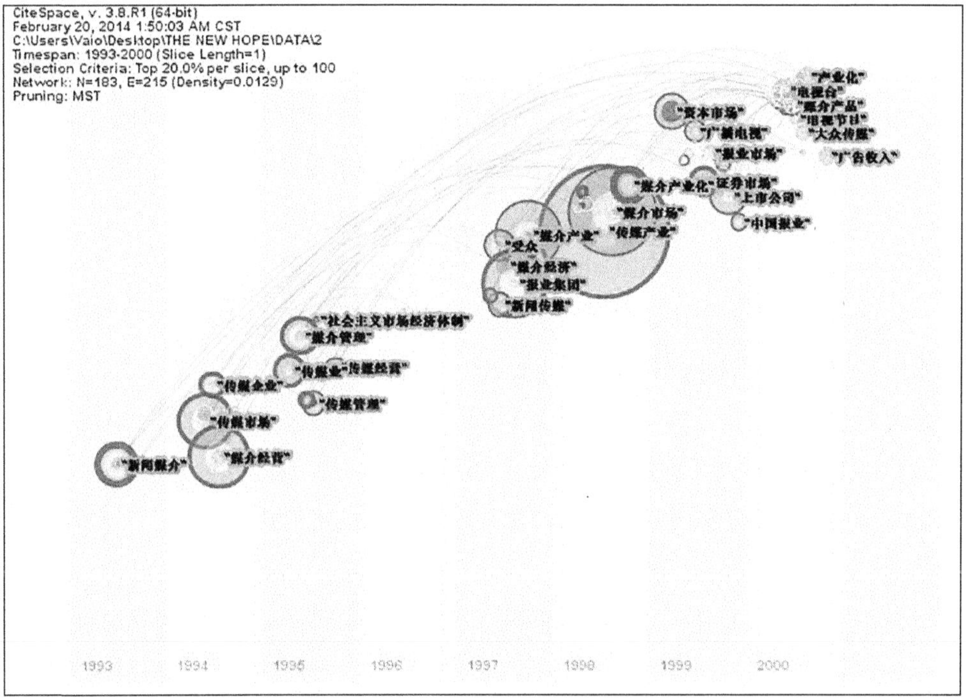

图4-12 1993—2000年中国传媒经济学相关研究论文关键词时空图

1992年，中共十四大召开，把建立社会主义市场经济体制作为我国改革的首要目标。传媒业界也积极响应了这一号召，加快了自己的改革步伐。可对于传媒经济研究来说，“社会主义市场经济体制”这一关键词第一次出现是在1995年，也就是说，与之相关的研究是在中共十四大召开三年后才开始的。

1994年，我国第一家拥有传媒背景的企业在上海证券交易所上市，标志着我国传媒机构资本运营的开端。从上文对关键词词频分析和关键词关系图分析也可看到，与传媒资本运营相关的研究是这段时期的一个研究热点。但通过关键词时空图发现，直到 1999 年，“资本市场”“证券市场”“上市公司”这三个与传媒机构资本运营相关的关键词才首次出现，同样大大晚于传媒业界的发展。此时关于传媒业与资本市场的研究，主要是对我国传媒产业进入资本市场的现状做出分析，如：罗霆(2000)、刘晓兵(2000)等都对当时中国传媒产业或某个传媒机构进入证券市场的情况，并指出传媒机构上市的不可逆性；① 也有学者对传媒产业进入资本市场的操作方法与风险规避问题进行了探讨，对传媒机构的赢利手段与涉足资本市场的方法进行了简要介绍。②

随后，报业集团的组建开始，集团组建成为这段时期我国传媒业界改革的核心，也是国家政策推动的主要内容，“报业”也是 1993 年至 2000 年间被研究最多的传媒类型。1996 年，我国首家报业集团，广州日报报业集团成立，1997 年“报业集团”作为研究论文的关键词首次出现，并迅速成为出现频次较高的关键词。现实层面中，各地报业集团的组建成为 20 世纪 90 年代末期所占篇幅最大的事件，同样它在相关研究中也迅速被关注。随着多家报业集团的成立、国家政策层面上对广播电视机构集团化的敦促与指引，越来越多的研究者加入了这一问题的讨论。对中国当时报业市场的观察与分析是研究者们最多的一个研究角度，如宋建武(1997)就对结合我国国情，对报业集团组建中，特别是政策制定上应注意的问题进行浅析。③ 曹鹏(1999，2000)对我国报业市场格局进行分析，并对其发展前景作出判断，认为我国报业市场远未达到饱和状态，发展前景大好。但仍需要注意产品同质化、专业人才短缺等问题。④ 阳美燕也同样认为，我国报业市场存在结构失衡无须以及产业链不完整的问题；⑤ 其次，对发达国家，特别是美国新

---

① 罗霆．我国传媒产业进入证券资本市场现状研究[J]．现代传播，2000(1)；刘晓兵．中国传媒产业化与中国证券市场研究[J]．湖南商学院学报，2000(2)。

② 喻国明．略论资本市场与传媒产业结缘的机遇、操作方法与风险规避[J]．新闻与传播研究，1999(4)。

③ 宋建武．报业经济、集团化与媒介产业政策[J]．新闻与传播研究，1997(4)。

④ 曹鹏．报刊业进入“春秋战国时代”——99 年初中国传媒市场观察与分析[J]．新闻三昧，1999(1)；国内报业市场形势及展望[J]．新闻记者，1999(12)；国内报业市场形势分析与经济前景展望[J]．当代传播，2000(2)。

⑤ 阳美燕．我国报业集团发展的两个现实问题[J]．新闻记者，2000(3)。

闻业、报业发展状况的介绍，并找寻可借鉴之处，是研究者们另一个研究视角。①

可见，1993年至2000年，我国传媒经济学相关研究是随着国家政策指引以及传媒业界现实而展开的，更多的是对于现实状况的回应。这段时期的研究没有统一的研究范式、缺乏科学的研究方法。虽在进行“释疑”活动，但其效果并不佳，对社会现实的影响力十分有限，中国传媒经济学研究此时无范式可言。

这样一个无科学共同体、无研究范式的阶段，是中国传媒经济学研究的“前科学”时期。

4.4 本章小结

经过从相关研究文献数量、研究机构、研究者三个层面对中国传媒经济学研究概况进行整体回顾后，笔者将20世纪90年代后期的中国传媒经济学研究分为缓慢增长上升期与快速增长稳定期。

通过梳理1993年至2000年中国传媒经济的相关现实发展与相关研究情况，并将之结合在一起进行分析，笔者发现：这段时期，伴随着政策的引导，传媒业界实力的迅速壮大、经营活动大增，中国传媒经济学研究也在现实变化地推动下慢慢展开。此时研究的知识生产是由学界与业界同时构成，新闻与传播学科背景的研究者是我国这一研究领域的绝对主力，研究者与研究机构间无实质合作关系存在，呈现高度分散状态。此时的研究受到国家政策与业界发展现状影响较大，多为对现状的解释与回应，开拓性、前沿性的研究较少。没有科学共同体、没有研究范式，1993年至2000年为中国传媒经济学研究的“前科学”阶段。

① 涂光晋．世纪之交的美国新闻业——美国主要媒体现状考察分析[J]．国际新闻界，1998(1)；杨瑞明．瑞典媒介市场概观[J]．国际新闻界，1998(2)；刘宏．中西比较：市场经济与大众传媒[J]．国际新闻界，2000(2)。

第5章　中国传媒经济学研究的迅速成长期

1993年至2000年，中国传媒机构开始走上产业化、集团化的发展道路。中国传媒经济学研究也在现实的推动下展开，进入了传媒经济学的“前科学”阶段。而2001年至今，中国传媒经济学发展走进第二个阶段，国家大的社会、经济背景、中国传媒业界、中国传媒经济学研究又面临着怎样的境遇？这些问题是本章将要讨论的重点。

5.1　政策支持下传媒产业持续壮大

截至2000年，全国共组建报业集团十七家(1996年1家、1998年5家、1999年5家、2000年6家)，广播电视传媒集团两家(1999年1家，2000年1家)，出版集团一家(1999年)。进入21世纪，中国传媒集团化步伐愈加紧凑、传媒市场不断扩大、传媒产业规模持续壮大。

5.1.1　从“支持发展”到“实现大繁荣”

进入21世纪，整个社会面对着更加复杂多变的社会经济环境、更加激烈的竞争和更多的挑战。在不断地改革实践中，党和政府逐渐认识到以经济增长为单一发展目标的发展观存在很大问题，多年的经济改革带来了中国经济的高速增长，但也导致了很多社会问题的凸显：资源能源消耗过大、环境污染严重、社会贫富差距悬殊、社会矛盾多发、经济发展不平衡等。党和政府对传媒产业、文化产业的重视程度越来越高。

2002年11月召开的中国共产党第十六次全国代表大会上，时任中共中央总书记江泽民在其《全面建设小康社会，开创中国特色社会主义事业新局面》的大会报告中明确提出:“全面建设小康社会”的新目标。报告强调要在21世纪的头二十年,塑造一个经济越来越发展、民主健全更完善、科教更加昌盛和进步、文化更加丰富繁荣、社会更加和谐、稳定,人民生活更加富裕的高水平的小康社会。而文化产业在报告中被提及,认为应“积极发展文化事业和文化产业,继续深化文化体制改革”。①

在随后的2003年中,从国家广电总局到国务院办公厅,一系列支持和推动文化产业、传媒产业的决议或政策陆续出台,文化体制改革得到深化。

2003年6月,中央启动了文化体制改革试点工作;9月,国家广电总局的《广播影视体制改革试点工作实施方案》得到了中央文化体制改革工作领导小组批准,要求改革试点单位将允许经营的资产、业务等从事业体制分离出来,并与事业机构分别运营管理,对改革试点单位实行经营性单位的改制、市场化运作、深化集团改革等一系列问题进行部署;紧接着10月,在中共十六届三中全会上,会议通过了《完善社会主义市场经济体制若干问题的决定》,提出要继续深化文化体制改革,继续完善文化的管理体制与生产经营体制,继续建立公共文化服务体系与文化市场体系;2003年年底,国务院办公厅下发了《国务院办公厅关于印发文化体制改革试点中支持文化产业发展和经营性文化事业单位转制为企业的两个规定的通知》,对国家新闻出版总署、国家广电总局等单位提交的《关于文化体制改革试点中支持文化产业发展的规定》和《关于文化体制改革试点中经营性质文化事业专制为企业的规定》两个文件表示同意,从税收政策、投融资政策、财产处理、收入分配等多个方面为我国文化产业的发展照明方向,并明确了对于文化资源的配置要由政府配置为主转向市场配置为主。“公益性文化事业”“经营性文化产业”的提出是对“事业单位、企业化管理”这个长期以来我们所适应的混合体制的创新与升级。

2004年9月,中共十六届四中全会上,在《中共中央关于加强党的执政能力建设的决定》中,“文化体制改革”再次被提到,强调要继续深化文化体制改革,解放和发展文化生产力;同年10月,原文化部制定《关于鼓励、支持和引导非公有制经济发展文化产业的意见》,强调了非公有制经济对于文化产业发展的重要

① 资料来源:中国共产党历次全国代表大会数据库——中国共产党第十六次全国代表大会,http://cpc.people.com.cn/GB/64162/64168/64569/65444/4429125.html。

性，鼓励非公有制文化产业的发展。

2005 年 8 月 3 日至 8 日，新华社先后受权播发了 3 分与文化领域有关的政策性文化——中宣部等六部门联合发出的《关于加强文化产品进口管理的办法》，原文化部等五部委联合发出的《关于文化领域引起外资的若干意见》以及《国务院关于非公有资本进入文化产业的若干规定》。这些文件首次从政策层面给予了非公有制经济成分在文化领域合法的市场主体地位。2005 年 12 月 23 日，在《关于深化文化体制改革的若干意见》(中发〔2005〕14 号文件)中，我国首次就文化体制改革问题做出重大战略性决策，明确指出："新闻媒体中的广告、印刷、发行、传输网络部分，可以从事业体制中剥离出来，转制为企业，进行市场运作。""事业单位，企业化管理"的模糊说法得到理论矫正和规制细化。意见强调区别对待、分类指导。公益性文化事业要增加投入、改善服务，经营性文化产业要创新体制、壮大实力。

2006 年初，中共中央、国务院《关于深化文化体制改革的若干意见》正式颁布实施，推动文化体制改革进入一个新阶段。要求大力推进文化领域所有制结构调整，坚持以公有制为主体，鼓励和支持非公有资本以多种形式进入政策许可的文化产业领域，逐步形成以公有制为主体、多种所有制共同发展的文化产业格局。

2006 年 9 月，国务院公布《国家"十一五"时期文化发展规划纲要》，指出要深化文化体制改革，通过改革解决影响发展的制度瓶颈问题。要明确产权归属，建立文化市场主体，提高外国文化产业竞争力，形成以公有制为主体、多种所有制并存的文化产业格局。更为关键的是，要形成一批有较强自主创新能力和市场竞争实力的文化企业集团。

2009 年 7 月，在国务院常务会议上，《文化产业振兴规划》(以下称《规划》)被讨论通过。这标志着文化产业在我国已上升为国家战略性支柱产业。《规划》从政策保障、政府投入、税收优惠、金融支持、人才培养多个方面对文化产业进行帮扶。特别是在《规划》中，提出要落实非公有资本以及外资进入文化产业的相关规定，对于文化产业投融资领域作了积极的政策引导。指出要积极吸收社会资本和外资进入政策许可的文化产业领域，参与企业的股份制改造，形成以公有制为主体的多元化的所有制结构。并强调我国应加快资源整合，通过支持、鼓励大型国有文化企业集团实行跨地区、跨行业的兼并重组，来培养一批实力雄厚，具有竞争力的文化企业。

2010年3月，中共中央宣传部、中国人民银行、财政部、原文化部、国家广播电影电视总局、国家新闻出版总署、原中国银行业监督管理委员会(银监会)、中国证券监督管理委员会(证监会)以及原中国保险监督管理委员会(保监会)九个部委联合发布了《关于金融支持文化产业振兴和发展繁荣的指导意见》，明确要求加大对文化产业的金融支持。

2011年10月18日中国共产党第十七届中央委员会第六次全体会议通过《中共中央关于深化文化体制改革推动社会主义文化大发展大繁荣若干重大问题的决定》指出：充分认识推进文化改革发展的重要性和紧迫性，更加自觉、更加主动地推动社会主义文化大发展大繁荣；坚持中国特色社会主义文化发展道路，努力建设社会主义文化强国；大力发展公益性文化事业，保障人民基本文化权益；加快发展文化产业，推动文化产业成为国民经济支柱性产业；进一步深化改革开放，加快构建有利于文化繁荣发展的体制机制。提出了到2020年文化改革发展奋斗目标有："社会主义核心价值体系建设深入推进，良好思想道德风尚进一步弘扬，公民素质明显提高；文化产业成为国民经济支柱性产业，整体实力和国际竞争力显著增强，公有制为主体、多种所有制共同发展的文化产业格局全面形成；文化管理体制和文化产品生产经营机制充满活力、富有效率，以民族文化为主体、吸收外来有益文化、推动中华文化走向世界的文化开放格局进一步完善等。"①中共十七届六中全会再次明确文化产业作为国民经济的支柱产业，这是大国崛起的文化战略，也是大国崛起的经济战略。

通过对进入21世纪以后，我国传媒产业改革、文化体制改革政策颁布历程的回顾可以看到，在政府的强力推动下，文化体制改革的导向是十分明确的，"两分开"这一文化体制改革的核心要义的总体目标是："事业型传媒促进社会主义文化大发展大繁荣，经营型传媒促进文化产业的发展。"

5.1.2 从集团化改革排头兵到发展放缓的中国报业

就中国传媒集团化改革而言，报业集团是走在最前面、发展最迅速的。自我

① 中国共产党十七届六中全会关于《中共中央关于深化文化体制改革推动社会主义文化大发展大繁荣若干重大问题的决定》(2012年)。

国传媒集团化改革元年 1996 年起，短短五年间，共有十七家报业集团组建，遍布中国东、中、西部地区。

2001 年，时任国家新闻出版总署署长的石宗源在全国新闻出版局长会议上指出："我们组建集团的目的，是为了提高出版产业集约化经营能力和增强国有经济在出版物市场上的控制力，是为了迎接加入世界贸易组织后可能出现的竞争和挑战。"①面对即将加入世界贸易组织(WTO)的压力和国外大型传媒集团带来的竞争，从国家层面上政府相关部门再一次强调了组建传媒集团的必要性。此后，我国报业集团的组建迎来一个高峰。

2001 年，新闻出版总署批准了：重庆日报报业集团、湖北日报报业集团、长春日报报业集团、云南日报报业集团、长沙晚报报业集团、河北日报报业集团、新华日报报业集团、湖南日报报业集团以及杭州日报报业集团 9 家报业集团成立；2002 年，中国加入世界贸易组织后的一年中，报业集团的组建达到 13 家，为历年来最多。这一年，黑龙江日报报业集团、安徽日报报业集团、福建日报报业集团、山西日报报业集团、海南日报报业集团、甘肃日报报业集团、天津日报报业集团、长江日报报业集团、济南日报报业集团、成都日报报业集团、南京日报报业集团等相继成立。②

从报业集团化开始的 1996 年到 2002 年，短短六年间，我国共组建报业集团 39 家，③ 集团分布横跨中国东、中、西、南、北地区。报业集团的全国性布局基本形成。

1996 年，我国报业集团组建拉开序幕，当年的全国报纸的广告营业额为 77.69 亿元，比上年同比增长 20.1%；1998 年，又有五家报业集团成立，当年报

---

① 石宗源. 认真抓好出版集团、报业集团和发行集团的试点工作——在全国新闻出版局长会议上的讲话(摘要)[J]. 传媒，2001(3)：4。

② 资料来源：2001—2002 年《中国新闻年鉴》。

③ 39 家报业集团为：中央级报业集团(2 家)：经济日报、光明日报；省级(直辖市)报业集团(24 家)：北京日报、黑龙江日报、吉林日报、辽宁日报、天津日报、河北日报、山西日报、甘肃日报、解放日报、文新联合、大众日报、新华日报、浙江日报、安徽日报、福建日报、四川日报、重庆日报、云南日报、河南日报、湖北日报、湖南日报、南方日报、羊城晚报、海南日报；省会城市报业集团(10 家)：哈尔滨日报、长春日报、沈阳日报、济南日报、杭州日报、南京日报、成都日报、长江日报、长沙晚报、广州日报；计划单列城市报业集团(3 家)：青岛日报、宁波日报、深圳特区报。

纸广告经营额为104.35亿元，比1997年增长7.8%；1999年、2000年，这两年间共有11家报业集团挂牌，全国报业集团总数达到17个。2000年全国报纸广告经营额达到146.47亿元，比前值112.33亿元增长30.4%；2001年，又有九家新成立的报业集团，而当年的广告经营额比上年同比上升7.7%，为157.7亿元；2002年，全国共有三十九家报业集团挂牌，当年报纸广告营业额为188.48亿元，比2001年的157.7亿元增长了19.5%。①

通过以上数据可发现，从报业集团组建以来，我国报纸广告经营额的增长率虽然出现波动，但其整体上还是处于快速上升的阶段。2002年，39家报业集团的营业总额为212.37亿元，其广告经营额为133.07亿元，占到全国报纸广告经营额的70.6%，广告经营额占集团总营业额的62.66%。② 报业集团已成为我国报业市场的绝对中坚力量，它们几乎垄断了国内报业市场。

因此，2002年8月新闻出版总署发出《关于印发〈报业集团组建基本条件和审批程序〉的通知》，提出“今后3年报业集团总量控制在50家左右”。随后的2003年，经新闻出版署批准挂牌成立的报业集团只有贵州日报报业集团1家，以后国家新闻出版署也再未批复新的报业集团。我国报业集团在经历了快速发展阶段后开始控制规模。2004年11月28日，贵州日报报业集团宣布挂牌成立，在中央主管部门停批报业集团一年多之后，成为第40家报业集团。我国报业集团的阵容到此已基本成形。

不可否认的是，集团化改革后，报业集团获得了巨大的经济利益。2012年，全国出版、报刊和发行集团共实现主营业务收入2333.9亿元，比上一年增加239.2亿元，增长11.4%，占全国出版发行全行业主营业务收入的57.9%；拥有资产总额4202.2亿元，较2011年增加522.1亿元，增长14.2%，占全国出版发行全行业资产总额的73.7%；实现利润总额194.8亿元，较2010年增加21.0亿元，增长12.1%，占全国出版发行全行业利润总额的44.6%。③ 可见传媒企业集团化非常有利于其经济利益的提升。

---

① 数据来源：《中国工商行政管理年鉴》编辑部.《中国工商行政管理年鉴》[M].中国工商出版社，1996—2002。

② 数据来源：《中国传媒集团发展报告》课题组.《中国传媒集团发展报告》[M].长沙：湖南教育出版社，2004。

③ 资料来源：《2012年新闻出版产业分析报告》，国家新闻出版总署。

"量"的增长带来的是对"质"的改变的渴望。广告经营额独大、报业收入结构单一、产品单一等问题已经浮出水面，正当实权者们准备挽起袖子，慢慢开始时，2004 年，全国报纸广告经营额 230. 72 亿元，与 2003 年的 243. 01 亿元比，出现了报社经营活动重新开始以来的第一次负增长(见表 5-1)。2004 年全国广告经营额为 1264. 56 亿元，比上年增长 17. 2%，四大媒体(报纸、电视、广播、期刊/杂志)的广告总经营额 583. 2 亿元，比上年增长 6. 4%。中国传媒集团化改革的排头兵似乎遇到了难题。

表 5-1　**2004—2011 年全国报纸广告经营额、增长率，全国五大媒体广告经营额、增长率，全国广告经营额、增长率对比表①**　单位：亿元人民币

年份	报纸广告经营额	报纸广告经营额增长率	五大媒体广告经营额	五大媒体广告经营额增长率	全国广告经营额	全国广告经营额增长率
2004	230. 72	-5. 16%	583. 2	6. 4%	1264. 56	17. 2%
2005	256. 05	10. 98%	684. 4	17. 35%	1416. 35	12%
2006	312. 59	22. 08%	816. 64	19. 32%	1573	11. 06%
2007	322. 19	3. 07%	879. 61	7. 71%	1740. 96	10. 67
2008	342. 67	6. 36%	971. 28	10. 42%	1899. 56	9. 11
2009	370. 46	8. 11%	1020. 54	5. 07%	2041. 03	7. 45%
2010	381. 51	2. 98%	1226. 27	20. 16%	2340. 51	14. 67%
2011	469. 45	23. 05%	1583. 72	29. 15%	3125. 55	33. 54%

2004 年至 2011 年，我国报纸广告经营额年均增长率不到 10%，仅有 8. 93%，低于五大媒体的广告经营总额 14. 45%的年均增长速度和全国广告经营额年均 14. 46%的增长率。报业似乎已经度过了暴利时代。

① 数据来源：《中国工商行政管理年鉴》编辑部．《中国工商行政管理年鉴》[M]．中国工商出版社，2004—2012。注：五大媒体为：报纸、电视、广播、期刊/杂志以及网络媒体。

5.1.3 从集团化改革跟随者到领头羊的中国广电

相对于报业集团化组建的一马当先，我国广播电视机构的集团化过程可谓再三观望后作出的抉择。

早在1994年的全国宣传工作会后，电视台、电台开始尝试用营销手段来包装节目、栏目以及频道。最终在1998年第九届全国人大第一次会议上，明确提出："政府今后对包括电视台在内的大多数事业单位，将按每年1/3的数额逐步减少拨款，三年后这些单位要实行自负盈亏。"这样，广电机构才被迫地被政府推向市场。

2001年初，全国宣传部长会上，时任中宣部部长丁关根提出新闻出版广播影视业的改革要着力进行"宏观管理机制创新、微观领域结构创新、市场组织体系创新、投融资体制创新。要从分散经营向集约化发展过度"的集团化发展路径；4月20日，上海文化广播影视集团成立。上海文广集团由3家电视台、4家报纸、16家演出机构，共70家公司组成，总资产超过100亿元；5月，中国证监会将传媒与文化产业定为上市公司13个基本产业门类之一，旗下包含出版、声像、广播电影电视、艺术和信息传播服务业5大类；5月28日，北京广播影视集团成立，总资产达到200亿元；8月，中共中央办公厅、国务院办公厅下发了《中共中央宣传部、国家广电总局、新闻出版总署关于深化新闻出版广播影视业改革的若干意见》，又称"17号文件"。文件积极地面对了传媒业融资、中外合资、跨媒体发展等问题，对组建传媒集团跨地区、集团多媒体兼营等有给予了正面的肯定。文件提出，要从积极推进文化行业的集团化建设，组建一批综合实力强的大型文化集团，并迅速提高文化企事业单位的竞争力；12月6日，中国广播电影电视集团成立，成为中国最大的综合性传媒集团。中国广播电影电视集团成立后，成为了拥有广播、电视、电影、传输网络、互联网站、报刊出版、影视艺术、科技开发、广告经营、物业管理的综合性传媒集团，其净资产达到274亿元。

除了来自政府的压力外，2001年中国加入世界贸易组织也是广电集团(总台)乃至我国其他类型的传媒集团进入组建高峰的重要外在因素。

自从中国广告市场重开、中国传媒走向经营之路以来，国际大型传媒集团就一直虎视眈眈地看着中国市场这块巨大的蛋糕，一直在寻找机会，通过各种途径和手段进入这个市场。而对于传播内容可以有更多选择、形式更为丰富的广播电视领域，对于它们更加充满了诱惑。世界著名传媒大亨默多克的新闻集团，早在 1985 年就将旗下 20 世纪福克斯公司的 50 多部电影无偿地赠与中央电视台，以表现其诚意。1994 年就与天津广播电视局共同出资组建了只有 36 人规模的天津金大陆公司，新闻集团占有 60%的股份。公司提供数字化拍摄、编辑系统等服务。随后该公司也为中央电视台等十余家电视台进行节目的包装、片头制作等工作。其全资子公司星空电视台(STAR TV)和控股公司 V 音乐台、体育频道 ESPN、人文地理频道国家地理频道以及持股的凤凰卫视都通过合作的方式与国内 30 多个省市有线电视台合作编播音乐、体育、人文地理等政治敏感度较低的节目。但由于中国政府对于新闻传媒市场的管制严密，因此外资企业对这块领域的介入仍然十分有限，国内传媒机构，特别是广电传媒机构仍处于悠闲坦然、毫无压力的市场环境中。

自从 2001 年 11 月，中国成功加入了世界贸易组织后，无论是传媒产业的制度制定者们还是中国传媒业界，对于国际传媒巨头进入中国市场的担忧日益加深。虽然在我国与美国就中国加入 WTO 达成的协议中并没有对传媒产业有所涉及，因而加入 WTO 后，中国传媒产业并不会遭遇世界头号传媒大国的冲击。但中国加入 WTO 后需履行世界贸易组织加入国应遵守的原则和承担的责任。放眼望去，政府所承诺将要开放的行业并没有包括传媒产业，所以开放与否与传媒产业并无直接联系。但经过分析并可发现，所提到的产业能通过其业务关系，通过对客户、渠道的控制来打乱中国传媒产业的市场，间接对中国传媒产业生产环境造成威胁。这大大地增加了外资传媒集团以及其产品进入我国市场的可能性。再回望当时中国传媒机构的实力，在从资金规模、人才储配以及经营经验上都无法与海外传媒集团相比。因此在加入 WTO 之际，国家广播电影电视总局又陆续批准了杭州、天津、南京、长沙、福建、四川、重庆等地的广电集团成立。

截至 2002 年初，我国共组建了传媒集团 72 家，其中广电集团 12 家。

通过表 5-2 可以看出，广播电视集团自成立以来，保持着高速的增长。2001 年至 2011 年，其广告经营额的年均增速达到 16.77%，2004 年至 2011 年更达到了 17.27%，大大高于报业广告经营额 8.93%的年增速以及五大媒体 14.45%、全国广告经营额 14.46%的年均增速。广播电视集团成为我国传媒产业发展的领头羊。

表 5-2 **2001—2011 年全国广播电视广告经营额、增长率，全国五大媒体广告经营额、增长率，全国广告经营额、增长率对比表①** 单位：亿元人民币

年份	广播电视广告经营额	广播电视广告经营额增长率
2001	197.65	7.36%
2002	252.93	27.97%
2003	280.61	10.94%
2004	324.47	15.52%
2005	394.15	21.48%
2006	461.21	17.01%
2007	505.77	9.66%
2008	569.84	12.66%
2009	608.06	6.71%
2010	756	24.33%
2011	988.87	30.8%

由国家广播电影电视总局统计的数据可看到(见图 5-1)，2001 年，全国广播电视总收入突破 470 亿元，达到 476.86 亿元。到了 2010 年，全国广播电视总收入达到 2301 亿元，十年来增长了约 5 倍。而其广告经营额在总收入中所占的比重 2001 年约为 41%，到了 2011 年，比重仍达到 36%，说明广告对于我国广播电视产业来说，是其最主要的收入来源，广告经营额的高速增长，保证了广播电视产业总体规模的高速增长。但一般来说，传媒业发达国家，其广电传媒节目制作、播出和广告发行(流通)三个环节的收入比例大致为 5∶2.5∶2.5。② 而我国

① 数据来源：《中国工商行政管理年鉴》编辑部.《中国工商行政管理年鉴》[M].中国工商出版社，2001—2012。注：五大媒体为：报纸、电视、广播、期刊/杂志以及网络媒体。

② 罗以澄，吕尚彬.中国社会转型下的传媒环境和传媒发展[M].武汉：武汉大学出版社，2010：208。

广电集团广告经营额达到40%左右的一个占比，则呈现了其过分依赖广告收入的弱点。

无论如何，在报业集团发展放缓时，近五年来，我国广播电视产业的收入仍然以年均 20%以上的增速快速发展扩张着。

从一定的梳理可得出，进入 21 世纪，政策的制定者们对传媒产业、文化产业的发展倾注了更多的精力，传媒产业已随着文化产业一起，成为国民经济的支柱产业。而传媒产业的发展在这一时期保持着较高的增长率，其产业规模、市场规模都在不断扩张。

5.2 迅速成长与成长中的困惑

从第 4 章对于中国传媒经济学研究分期的讨论可知，2001 年起，我国传媒经济学研究进入快速发展期。无论是相关研究论文与出版图书年变化数量、年拥有文献量、研究机构的变化、研究者的变化都能得出这一结论。在传媒体制改革继续深化、传媒集团化建设不断推进以及国家“实现文化产业大繁荣”的现实下，中国传媒经济学研究到底产生了怎样的变化?

5.2.1 迅速增长的文献数量

由上文对中国传媒经济学研究的相关统计分析可知，从 2009 年起中国传媒经济研究的相关文献数量呈现出迅速增长的走势。

检索得到的中国传媒经济学 2011 年相关学术论文 218 篇，比 2000 年的 89 篇(见图 5-1)增加了 129 篇，增长了约 2.5 倍。随后从 2002 年至 2013 年，相关学术论文数年发文量均在 300 篇以上，最多达到了 560 篇(2008 年)。13 年间，共产生与传媒经济学研究相关学术论文 5415 篇，占总相关学术论文数的 96.8%。

2001 年至 2013 年，共出版中国传媒经济学相关出版图书 288 本，占总相关出版图书总数的 97.3%(见图 5-2)。2003 年至 2012 年间，相关图书年出版数均在 20 本以上，其中 2005 年、2006 年的年出版图书数超过了 30 本，分别为 32 本与 33 本。

仅从这两个数据就可看出，进入 21 世纪后的这 13 年，才是中国传媒经济学研究的主体所在，才是它最为重要的组成部分。中国传媒经济学相关文献数量在这段时期出现了大幅增加。

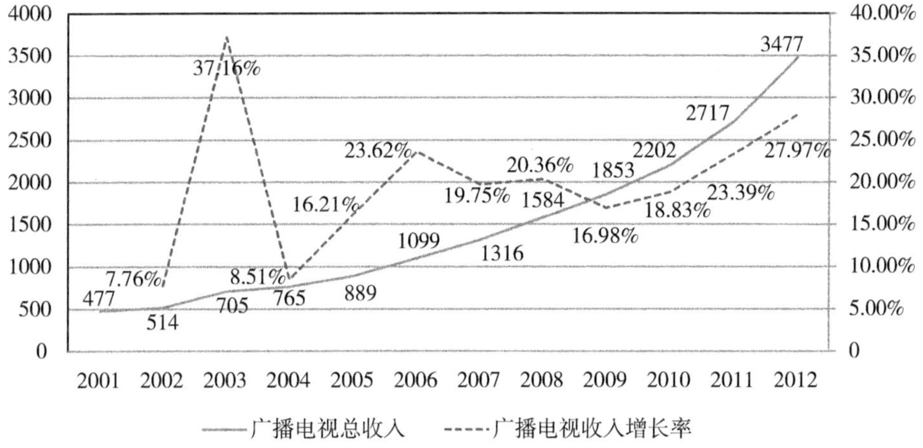

图 5-1　2001—2012 年全国广播电视收入、增长率走势图①

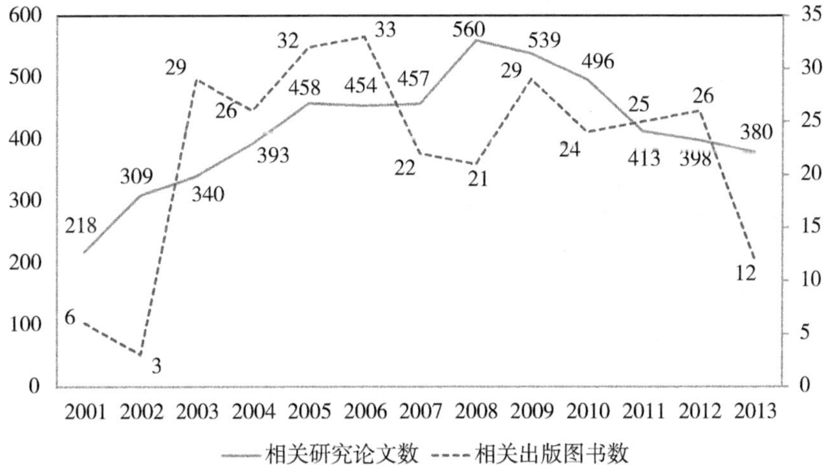

图 5-2　2011 年至 2013 年中国传媒经济学相关研究文献年发表数量走势图②

除了相关文献年发表数的走势图能反映出进入 21 世纪后，中国传媒经济学

① 数据来源：国家广播电影电视总局统计信息网站，http：//gdtj. chinasarft. gov. cn。
② 数据来源：经过第四章相关方法检索出的中国知网数据。

文献数的变化外，相关文献累计数更能清晰地展现出这一变化。传媒经济学相关文献累计数由 2001 年的 411 篇，增长到 2013 年的 5890 篇，增长了约 15 倍，年均增长率约 91%。与"前科学"时期(1993 年至 2000 年)中国传媒经济学相关文献的那条平缓的增长曲线相比(见图 5-3)，这段时期的相关文献累计数出现了明显增加，文献增长曲线的斜率更大。

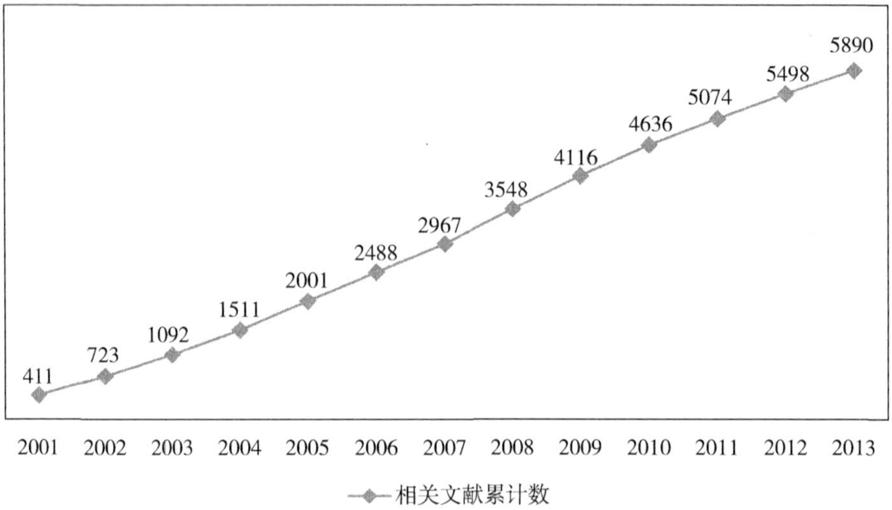

图 5-3　2011 年至 2013 年中国传媒经济学相关文献增长曲线①

以上两方面都说明，进入 2001 年，中国传媒经济学研究的文献数量呈现出迅速增长之势。

5.2.2　研究队伍的壮大

5.2.2.1　高等学府是研究机构绝对主力

以上文提到的在中国知网数据库中检索出的 2001 年至 2013 年中国传媒经济学研究相关 5415 篇论文为分析对象，得到表 5-3。

① 数据来源：经过第四章相关方法检索出的中国知网数据。

表 5-3　　　　**2001—2013 年中国传媒经济学相关研究机构排名**

排名	机构名称	发表论文频次
1	中国人民大学	243
2	北京广播学院/中国传媒大学	196
3	武汉大学	141
4	复旦大学	140
5	四川大学	71
6	暨南大学	68
7	清华大学	63
8	华中科技大学	54
9	浙江大学	47
10	湖南大学	47

在这十三年间，发文频次排名前十的研究机构均来自高校，也就是说，中国传媒经济学研究的绝对主力是学界。中国人民大学(第一位)、中国传媒大学(第二位)、武汉大学(第三位)、复旦大学(第四位)、暨南大学(第六位)这五所在1993 年至 2000 年间就是中国传媒经济学主要研究机构的老牌新闻传播学科强势高校，在进入了 21 世纪后，仍然占据着研究机构排行榜的前几位。与上一次的排名不同，来自传媒业界的研究机构在此榜单中消失了。且根据统计，这段时期发文频次最高的来自传媒业界的机构是湖北日报传媒集团，它的发文频次有 19 次，排在第 16 位。在排名前十的研究机构中，除了上文提到的五个高校外，四川大学(第五位)、清华大学(第七位)、华中科技大学(第八位)、浙江大学(第九位)以及湖南大学(第十位)跻身到了研究机构发文量前列。从中不难看出，这五所新进榜的高校，也均为新闻传播学科较强的高校。根据教育部 2012 年的排名，除湖南大学外，进入表 5-3 的高校在全国新闻传播学学科排名中也均进入了前十的位置。

值得一提的是，2001 年起，中国传媒大学开始招收第一届经济学专业(传媒经济方向)本科生。随后中国人民大学、武汉大学、复旦大学等高校相继成为了传媒经济学相关硕士、博士学位授权单位。且越来越多的高校开设了传媒经济学相关课程，并获得了学位授予资格。传媒经济学学科建设的大发展，给我国传媒经济相关研究带来了巨大的改变，它不仅能从深度上带来研究者科研能力、学术能力的提高，也能从广度上增加学科的影响力。且传媒经济学进入高等学校的教学体系，也推动了其教师队伍、科研队伍的建设，使其研究队伍迅速壮大。

5.2.2.2　研究者学科背景逐渐多样

在 2001 年后，中国传媒经济学研究的主要研究机构变为仅有学术界，传媒业界对于这一研究领域的贡献已经很小。而在进入 21 世纪以后的 13 年中，特别是在学科构建后，进入传媒经济学研究领域的研究机构也越来越多。与传媒经济学发展的前段时期，既 1993 年至 2000 年的缓慢增长期相比，进入快速增长期后，我国传媒经济学相关领域的研究者构成又是怎样的情况呢？

上文提到，自传媒经济学进入高等教育体系后，其研究队伍迅速壮大。越来越多的新闻传播学者加入这一领域的研究之中。

通过对 2001 年至 2013 年中国传媒经济相关研究者发文频次进行排名后发现（见表 5-4）：总体看来，发文频次较高的研究者情况似乎与研究机构情况有些许出入。在发文频次前十的研究者中，来自经济日报社的曹鹏（第二位）与来自南方报业传媒集团的郭全中（第四位）是来自于传媒业界的研究者，业界研究者似乎在中国传媒经济学的相关研究者中比较活跃。但经过进一步分析发现，曹鹏于 1998 年在中国人民大学新闻学院攻读博士学位，并从 2001 年起，开始担任河北大学媒介经济研究所所长。而郭全中现任国家行政学院社会和文化教研部的高级经济师，是中国人民大学管理学博士，并在北京大学光华管理学院攻读了博士后。可见，这两位来自于传媒业界的研究者，仍有很深厚的学术背景与学界色彩。

表 5-4　**2001—2013 年中国传媒经济学相关研究者排名**

排名	姓名	单位	发表论文数
1	喻国明	中国人民大学	136
2	曹鹏	经济日报社	66
3	周鸿铎	中国传媒大学	43
4	郭全中	南方报业传媒集团	33

续表

排名	姓名	单位	发表论文数
5	朱春阳	复旦大学	28
6	崔保国	清华大学	27
7	陈力丹	中国人民大学	23
8	周笑	复旦大学	22
9	邵培仁	浙江大学	18
10	陈兵	浙江大学	16

发文频次排在前十的研究者中，除了中国人民大学喻国明教授(第一位)与经济日报社的曹鹏博士外，其余的八位研究者相对于 1993 年至 2000 年那个排名，都属于新进榜的研究者。周鸿铎教授(第三位)是我国研究传媒经济最早的一批学者之一。复旦大学朱春阳副教授(第五位)，毕业于复旦大学新闻学院，获得了媒介管理学专业博士。现任清华大学媒介经营与管理研究中心主任的崔保国教授(第六位)，从南京师范大学中文系毕业后，去日本留学，并获得了信息科学硕士和博士学位。就职于中国人民大学新闻学院的陈力丹教授(第七位)，长期从事于新闻学方面的研究工作。周笑副教授(第八位)拥有金融统计学学士、工商管理硕士以及企业管理学专业博士的学科背景，先就职于复旦大学。同样都来自浙江大学的邵培仁教授(第九位)与陈兵教授(第十位)也都是拥有新闻传播学学科背景的学者。

从这个梳理我们可以看出，在排名靠前的研究者中，学科背景的构成更为丰富。不仅仅是新闻传播学，管理学、信息科学也出现在了核心研究者的履历中。传媒经济类相关的专业——媒介管理学博士朱春阳教授的出现，是中国传媒经济学相关学科建设成果，是学科自身人才输送能力的体现。

纵观这 13 年来传媒经济学研究的发展，可以判断：研究机构更加学术化，研究者学科背景更加丰富，是与“前科学”时期相比研究队伍发生的最为突出的变化。高校毫无疑问成为了传媒经济学相关研究的绝对主力。参与学者也不再是单一的新闻传播学学科背景，拥有管理学、经济学、信息科学等与传媒经济所研究问题相关的学科背景的研究者们，也加入了传媒经济学的研究队伍当中，并产生了大量的研究成果。中国传媒经济学的研究视角变得更加开阔。与上一阶段的相关研究落后于现实发展不同，进入21世纪以来，在传媒经济学的快速发展阶段，传媒经济学相关的热点研究问题都是紧跟经济社会发展的问题，并且在研究中，研究者对未来的思考、对前景的分析都显得更加成熟，在一定程度上影响了中国传媒业界与政策制定者的决定。

根据国家社科基金的统计(见图5-4)，从1991年起，国家社科基金重大项目、重点项目和一般项目中，新闻传播学科内项目共获得414个立项项目。而与传媒经济学相关的项目共94个，占22.7%，2001年后的相关立项项目77项。这是我国传媒经济学研究水平与影响力大增的重要体现。

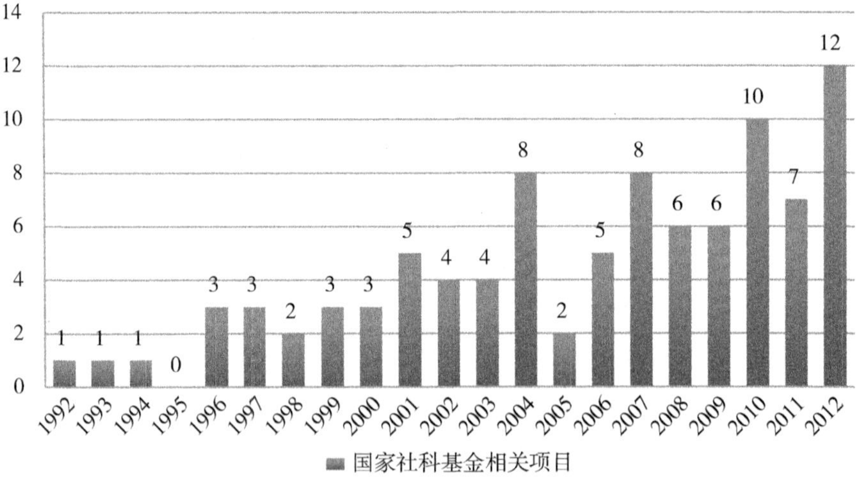

图5-4　1992—2012年国家社科基金中传媒经济相关项目数量图①

传媒经济学的学科建设，在很大程度上使得本研究领域取得飞跃进步。特别是对于高层次研究者的培养，如多所高校获得传媒经济学相关专业博士、硕士学位授予权，是搭建学科队伍的关键所在，不断吸纳和培养高层次研究者，才能保持学科的竞争力。

5.2.3　尝试建构中的科学共同体

在传媒经济学研究队伍壮大的同时，研究机构间、研究者间的合作关系与上

① 数据来源：全国哲学社会科学规划办公室统计数据，http：//www.npopss-cn.gov.cn。

一阶段相比是否出现变化？中国传媒经济研究的科学共同体是否已存在？

与1993年至2000年中国传媒经济学研究相关机构图（见图5-5）相比，在2001年后，进入这一研究领域的研究机构明显增多。经过观察机构间的关系连线可发现，研究机构间虽有合作关系出现，但在主要（出现频次较高）的研究机构间，同上一阶段相同，几乎没有合作关系存在。高校间实质上的合作仍然很少，各研究间没有实质合作关系建立。

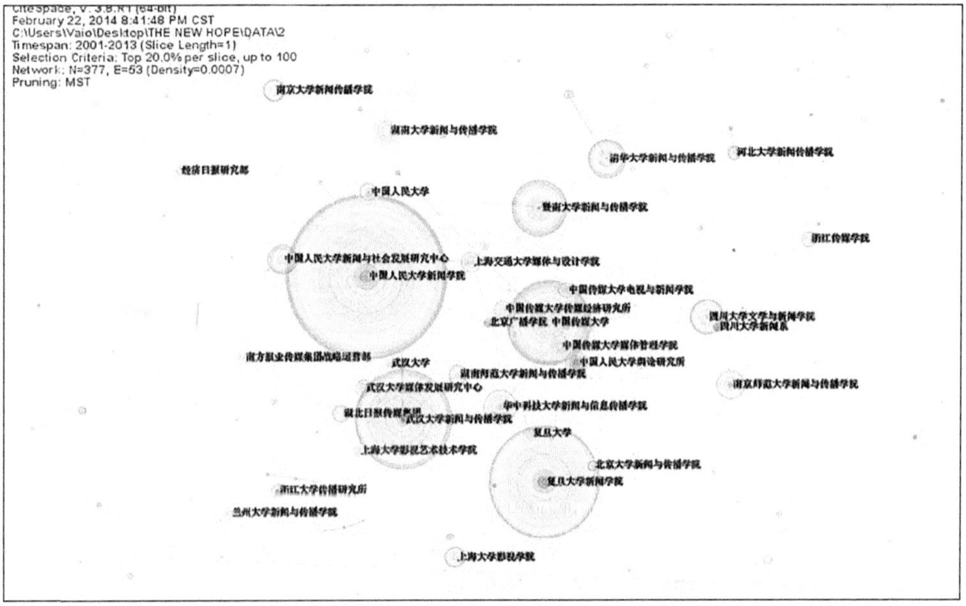

图5-5 2001—2013年中国传媒经济学相关研究机构关系图

与研究机构情况相同，在核心研究者间合作关系很少（见图5-6）。偶尔的连线产生，如胡正荣与黄升民之间，也都属于同一研究机构的研究者。跨机构合作几乎不存在。但非核心研究者间的合作关系比上一时期增长很多，这表明随着中国传媒经济学的快速发展，特别是研究机构的增多，研究者间的合作也出现了增加。

从研究机构、研究者的合作关系图可得知，与中国传媒经济学的“前科学”阶段相比，在进入21世纪后，中国传媒经济学研究队伍间的合作关系明显增加。可核心研究机构、核心研究者间合作关系几乎不存在。研究队伍虽壮大，也有一

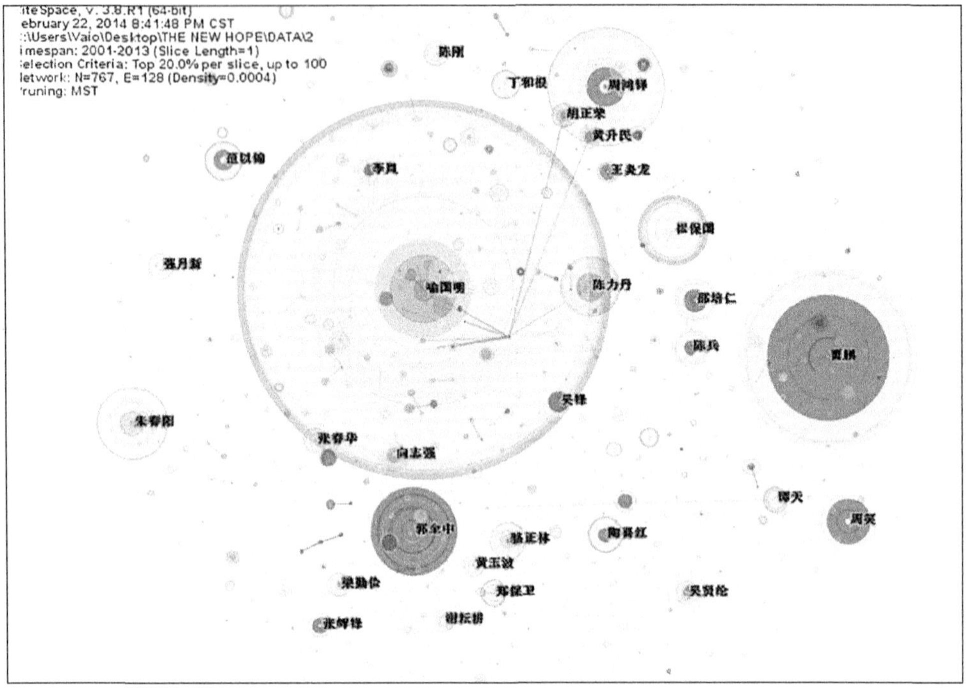

图 5-6　2001—2013 年中国传媒经济学相关研究者关系图

批固定的研究者参与这一领域的研究，但中国传媒经济学研究的科学共同体还未形成。

2008 年 10 月，中国传媒经济学会成立，并在上海召开了第一次常务理事会。2009 年 4 月，在此学会基础上成立的中国传媒经济与管理学会在清华大学举行了第一次工作会议。该学会由中国人民大学、中国传媒大学、武汉大学、清华大学等中国传媒经济主要研究机构的主要学者组成，并达成了信息通报、建构公共期刊学术平台、定期举报会议、定期颁发学术奖项等共识。传媒经济学会的成立，体现了中国传媒经济学者对于学术交流的渴望。有利于中国传媒经济学科建设、中国传媒经济学科学共同体的搭建。

研究机构、研究者间零星的合作关系，中国传媒经济学学会的成立，都可看作中国传媒经济学者们对于科学共同体建构的渴望与尝试。

5.2.4 “常规科学”建构中研究范式的反思

研究队伍壮大、研究队伍间合作关系出现，在这样的变化下中国传媒经济学研究所进行的“释疑”活动与其“前科学”时期在现实推动下产生的，无科学研究方法、无统一研究范式的不成熟的“释疑”活动是否会出现不同?

5.2.4.1 中国传媒经济学科的“自觉建制”阶段

从2001年起，直到2008年，每年仍有大量的新的研究机构加入传媒经济学的研究当中。特别是在2004年至2006年，涌现出来的研究机构数量最多。结合业界发展可发现，2004年正是中国传媒业界集团化的高峰期。截至2004年年底，我国共组建了40家报业集团、17家广电集团。而从政策层面上看，2003年，中国启动了文化体制改革试点工作，随后“文化产业体制改革”“文化产业发展”等词汇被党中央、国务院以及下属各有关部委提及次数越来越多，受到的关注越来越多，且其在国民经济中的定位越来越高。在这样一个大环境下，在中国传媒经济学学科自然发展的状态下，参与相关研究的研究机构增长出现了一个小高峰(见图5-7)。

上文已提到，自2001年起，中国传媒经济学正式进入了我国高等教育的体系之中，学士、硕士、博士学位授权单位在持续增加，传媒经济学学会也于2008年成立。除了在学科体系上的发展与完善，学科内部各研究机构、各研究者间交流平台得到搭建这些学科“自觉建制”的成果外，能提升学科影响力的学术会议的举办，也是中国传媒经济学要走向“常规科学”阶段的学科建设中重要一环。2004年首届中国媒体管理与资本市场论坛、2005年“传媒新经济・中国与世界的对话”国际论坛、2006年第七届世界传媒经济学术会议在北京召开，都标志着中国传媒经济学研究在中国、在世界范围内影响力的扩大。

从中国传媒经济学相关研究者的时空图(见图5-8)可看出，同研究机构时空图相似，2004—2006年是研究者增长最多的年份，2008年以后，几乎没有发文频次较高的研究者产生。在2004—2006年间，既有郑保卫教授、强月新教授这样长期从事新闻学研究的知名教授开始关注传媒经济学研究的相关话题，也有周笑教授、向志强教授这样的拥有管理学、经济学学科背景的学者进入传媒经济这

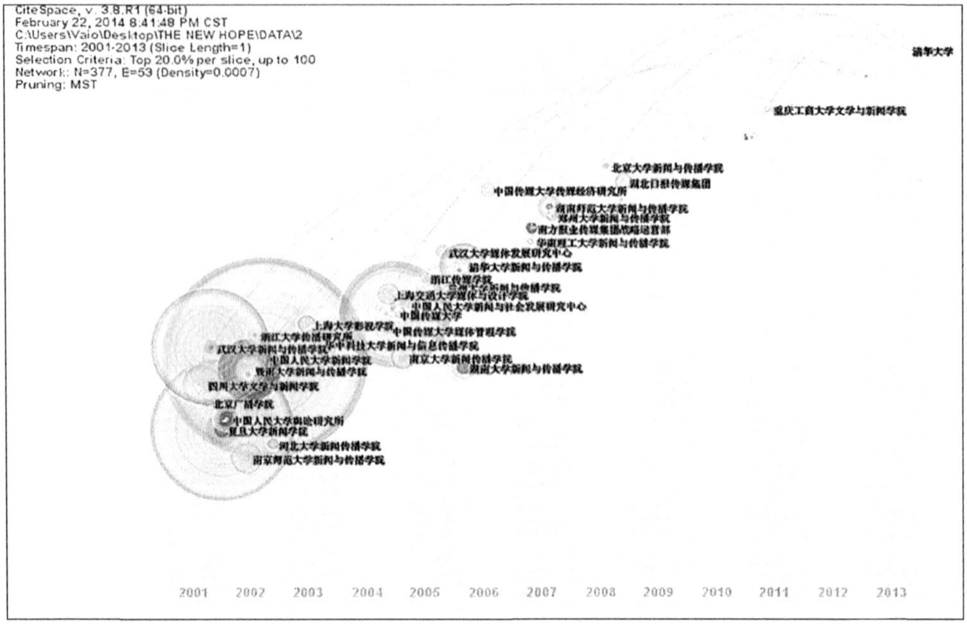

图 5-7　2001—2013 年中国传媒经济学相关研究机构时空图

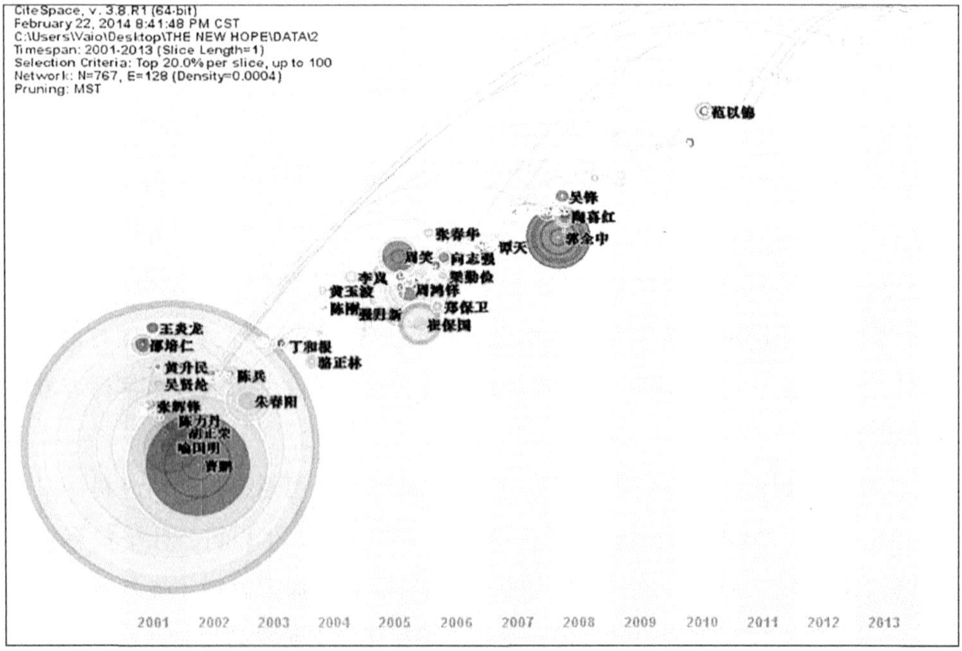

图 5-8　2001—2013 年中国传媒经济学相关研究者时空图

样研究领域。

中国传媒经济学学科自觉建制的开始，预示着其发展已大大不同于“前科学”时期，其研究队伍的扩大不单是因为外力的推动，更多是由于学科自身发展的结果。专业建设、学术团队搭建都带来了研究队伍的发展。

5.2.4.2 全面、前沿的研究主题

研究机构、研究者构成的变化，又给中国传媒经济相关研究的研究视角选择带来了怎样的变化。快速发展期，中国传媒经济学科关注的重点与方向又在哪？

与前文分析美国传媒经济学相关研究论文关键词以及分析 1993 年至 2000 年中国传媒经济相关研究论文关键词相同，这里同样将于传媒经济学研究相关的关键词分为三类：传媒类型、传媒市场行为和传媒市场组成。

在表 5-5 中，传媒类型类关键词有：新媒体、传统媒体、新闻出版、报纸、互联网、电视媒体等；传媒市场行为类，包括了媒介/传媒经营、核心竞争力、产业发展、文化体制改革等，传媒市场组成类关键词有：受众、文化产业、资本市场、上市公司等。仅从这三类关键词的组成就可发现中国传媒经济学研究的缓慢发展期，与 1993 年至 2000 年快速增长期，在研究关注点、研究主题上有所不同。

表 5-5　**2001—2013 年中国传媒经济学相关研究论文关键词排名**

排名	关键词	频次	排名	关键词	频次	排名	关键词	频次
1	传媒产业	1608	11	新媒体	298	21	新闻出版	141
2	传媒市场	708	12	中国传媒业	282	22	传媒经营	131
3	传媒业	555	13	中国传媒	274	23	核心竞争力	131
4	传媒企业	548	14	文化产业	261	24	媒介管理	123
5	传媒集团	414	15	传统媒体	251	25	媒介经济	123
6	媒介市场	400	16	资本市场	198	26	产业发展	118
7	传媒经济	377	17	媒介经营	186	27	报纸	117
8	媒介产业	341	18	媒体	162	28	互联网	113
9	受众	302	19	传媒	152	29	电视媒体	112
10	报业集团	299	20	上市公司	142	30	文化体制改革	111

继续分析，新闻出版、报纸、互联网、电视媒体是进入 21 世纪以来被提及最多的媒体类型，可以发现，“广播”已从热点关键词中消失，而“新闻出版”受到了更多研究者的关注。关于电视媒体，在上一阶段“电视台”“广播电视”这样的关键词也没再继续出现，取而代之的是“电视媒体”这个词。报纸是受到关注最多的媒体类型，在排名前 30 的关键词中，与之相关的词语出现频次共 416 次。“新媒体”与“传统媒体”这两个各自代表着一类媒体类型的对比性的词语也进入了关键词排名表中。

“产业”仍然是中国传媒经济学研究的重点，在排名前 30 的高频关键词中，与之有关的词语有 6 个，共出现频次 3165 次，而排名前 30 的高频关键词一共出现频次为 8978 次，“产业”占到了 1/3 以上。与上一个时期不同，近 13 年的相关研究论文中，与“产业”有关的高频关键词没有了“产业化”这样一个进行时、发展中的概念，而“文化产业”作为一个新的高频词出现在了表 5-5 中。

在传媒市场行为类关键词中，除了“经营”“管理”这些概念相对比较抽象的词外，“核心竞争力”这一比较明确的概念也成为了出现频次较高的关键词。我们传媒经济学研究进入快速发展期后，对于传媒经济市场行为研究的关注点，似乎与美国传媒经济学有了相似之处；“资本市场”“上市公司”这类与传媒企业投融资行为相关的关键词仍然是我国传媒经济学的热点关键词。可见关于资本运营的研究持续地受到我国传媒经济学相关研究者的关注。

“文化体制改革”“文化产业”这些与我国实现“文化大繁荣”这一大的社会、经济背景相关的研究关键词同样是这一时期研究者们的研究热点。而与传媒体制相关的研究关键词消失在了这些高频词中。

通过 2001 年至 2013 年每年出现频次在前 5%的关键词所构成的关系图(见图 5-9)可看出，传媒类型、传媒市场行为、传媒市场组成这三大类关键词相互间都充满联系；“产业”作为被提及最多的一类研究方面，成为整个关系图的中心。它与各类传媒类型、多种市场行为、每个市场组成都有着关联；“传统媒体”“新媒体”以及“文化产业”成为新的研究热点。“文化产业”“文化体制改革”这两个热点关键词与“传媒产业”“产业发展”“报业集团”“新闻出版”这些比较宏观的传媒类型类词语相联系。因此可以判断，在讨论在关于文化体制改革、文化产业发展问题时，研究者们更多是从宏观的角度来探讨这样一个大背景带给中国传媒产业、传媒机构的是怎么样的机遇和挑战；而与传媒机构资本运营相关的两个关键词，同1993年至2000年的关键词关系图中一样，仍然显得比较独立，除了与传媒类型类关键词联系比较多外，以另外两个关键词联系较少。看来研究者们在研究资本运营时，传媒机构是他们的研究对象和研究关注点。

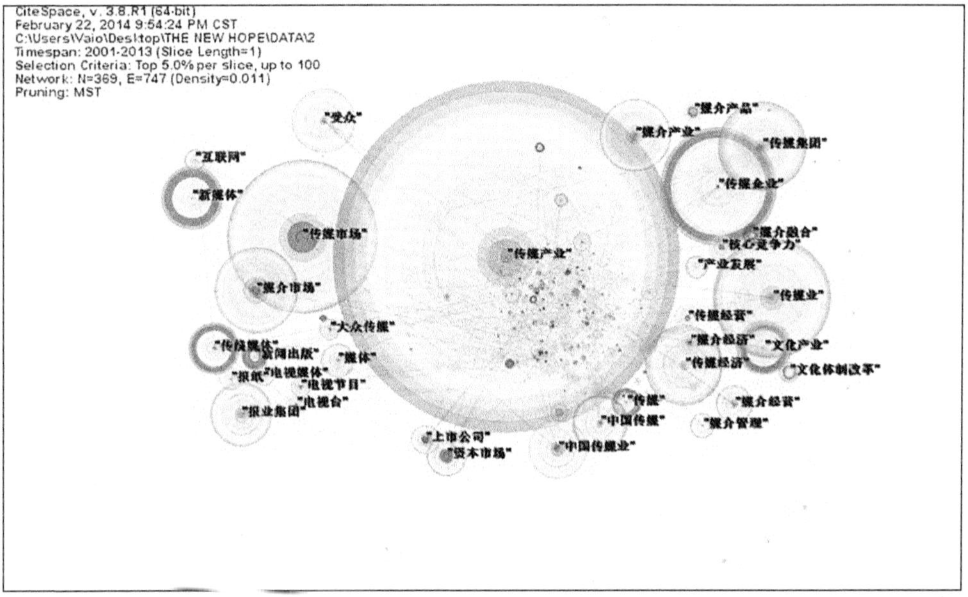

图5-9 2001—2013年中国传媒经济学相关研究论文关键词关系图

将出现频次在45次以上的中国传媒经济相关研究论文关键词放在时空图中(见图5-10)。通过时空图发现，这段时期的高频词关键词中，大量关键词的产生时间都在2006年以前，2008年以后仅有两个频次在45以上的高频关键词出现。

2001年，面对传媒集团进程的继续推进、报业集团、广电集团组建如火如荼。面对加入世贸组织后对我国传媒机构有可能面临的机遇和挑战，中国传媒经济学的相关研究者们与传媒业界一起、与国家政策的制定者一起对这些现实问题做出回应，进行了研究与思考。多名学者就如何面对国际竞争、如何应对加入WTO后的挑战给出了自己的研究。认为我国的传媒产业、文化产业近期虽然发展迅速，但与国际大型传媒集团、发达国家相比，仍然显得竞争力小、实力较弱。而传媒产业、文化产业对一国国民经济十分重要，因此，继续深化

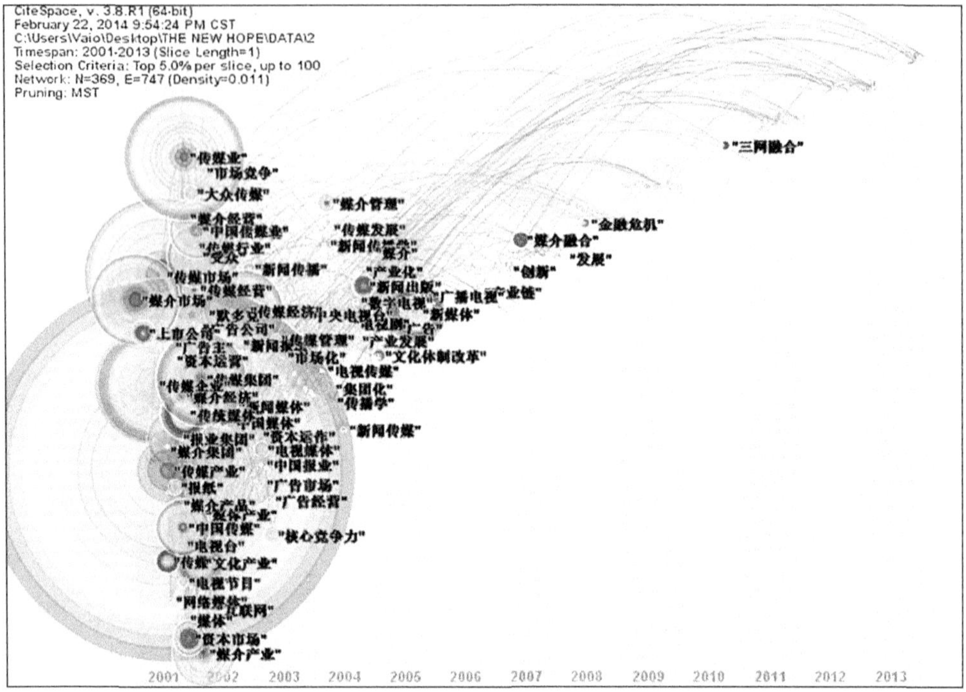

图 5-10　2001—2013 年中国传媒经济学相关研究论文关键词时空图

文化体制改革、坚持传媒集团化道路、国家从政策与法规上给予保护都成了研究者们共同的呼唤；① 除此之外，在我国传媒集团、传媒企业上市热潮开始之前，传媒机构的资本运营就已成为研究者们所关注的一个热点。研究者认为通过企业资本运营或是上市行为，可以加快我国传媒产业集团化的进程，有利于传媒集团实力的快速提升，通过重组、并购完善产业链，是我国传媒产业发展的助推器；② 而关于发达国家传媒集团的介绍，③ 对于刚刚起步的数字化的捕

① 参见：祁述裕．国际文化竞争力与中国文化产业的发展[J]．国家行政学院学报，2001(5)：66-71；王泠一．全球化背景下的传媒产业发展态势[J]．新闻记者，2001(4)：10-12；段京肃．定位：重组：媒体应对 WTO[J]．国际新闻界，2001(5)：68-74。

② 参见：屠忠俊．报业、广播电视业与证券资本市场[J]．新闻大学，2001，夏：89-92；严三九．资本运营：中国传媒产业发展的助推器[J]．新闻界，2001(6)：13-14；张辉锋．传媒资源整合的必由之路——资本运营[J]．新闻知识，2001(4)：13-14；崔书文．传媒产业和资本市场[J]．理论前沿，2001(1)：37-39。

③ 喻国明．财经杂志的春天——解读美国财经传媒《福布斯》[J]．财经界，2001(5)；吴杰．默多克控股后的《泰晤士报》[J]．新闻战线，2001(1)。

捉[①]都表现出了研究者对于传媒市场变化的敏感。进入21世纪后，中国传媒经济学研究似乎不是一味地跟着业界的发展和国家政策走向而展开，研究者们对于热点问题、前沿问题的关注逐渐增多。

2002年，第十六次全国党代会上，继续深化文化体制改革在大会报告中被提出。2003年至2006年，国务院办公厅、中宣部、国家广电总局、新闻出版总署等政府各层级部门就传媒机构怎样继续走集团化道路、怎样将公益性与经营性产业分开运作等深化传媒产业、文化产业改革作出了指示与政策支持。而中国传媒业界，特别是中国报业和出版行业，在经历了一段时间的迅速扩张后，发展出现了瓶颈。对于这一时期的中国传媒经济学研究来说，“文化产业”“资本运作”“广告经营”“传媒竞争”“核心竞争力”“文化体制改革”“多元化经营”“产业链”这些与现实相呼应的高频关键词同样成为了研究热点。研究者们对传媒产业的本质、传媒经济的本质展开探讨，从传媒业的现实中找寻着它的核心竞争力，[②] 找到集团化过程中存在的问题。在这些研究与探讨中，制度问题同时进入了研究者们的视野，研究者们从不同角度对我国传媒产业中存在的产权不明、内部管理不规范、激励机制欠缺等问题做出分析，并呼唤着政府进一步的改革。[③]

2007年，《文化产业振兴规划》获批，文化产业成为我国支柱产业，2011年，“文化大发展大繁荣”提出，标志着党和政府对我国文化产业发展的重视程度，似乎也是对学界关于文化体制深化改革呼唤的回应。时代仍在发展，中国传媒经济学相关研究者们的步伐也未停止，“媒介融合”“产业融合”“数字化”这一列些与现实相呼应的研究热点从传媒经济学研究中涌出。特别是关于数字化传播背景下，新媒体对传统媒体的冲击和挑战、对传媒产业的影响问题受到很多学者的关注。

---

① 孙旭陪．加入世贸与中国数字传媒的发展[J]．中国工商，2001(11)；谭远军．新媒体运动[J]．多媒体世界，2001(6)。

② 参见：郑保卫，唐远清，试论新闻传媒核心竞争力的开发[J]．新闻战线，2003(1)：45-47；喻国明，当前中国传媒业发展客观趋势解读[J]．现代传播，2004，127(2)：1-5；崔保国，卢金珠．2004—2005年中国传媒产业的现实与发展趋势[J]．新闻记者，2005(3)：3-6。

③ 参见：常永新．我国传媒集团的发展及现状分析[J]．广西社会科学，2003(2)：82-84；周劲．传媒治理结构：制度分析与实证研究[J]．现代传播，2005，135(4)：51-54；戴元初．中国传媒产业规制的解构与重构[J]．青年记者，2006(2)：29-31；柳旭波．传媒体制改革的制度经济学分析[J]．新闻界，2006(2)：16-17；童兵．为传媒体制改革提供理论支持[J]．新闻界，2006(5)：4-6。

5.2.4.3　研究方法杂乱引发关于研究范式的反思

进入 21 世纪后，随着中国传媒经济学学科体系的发展，文献数量迅速增长、研究队伍壮大、涉及的研究主题更加丰富全面，特别是学科自觉建制的开始，学者们对于中国传媒经济学研究范式的反思也就此展开。

从上章关于中国传媒经济学研究“前科学”时期的梳理与分析可以发现，新闻传播学者是我国传媒经济学研究的绝对主力。学者学科背景单一的状况到了中国传媒经济学研究的迅速发展期虽有了改善，但并未改变新闻传播学学者是中国传媒经济学研究主力军的事实。学科背景的局限使得我国传媒经济研究在研究方法与理论范式的运用上存在很大缺陷。在面对如此众多的研究主题时，研究方法的混乱与不规范被凸显。在笔者检索出的 5594 篇传媒经济相关学术论文中，表明了研究方法的论文不到 100 篇，占总论文数量比重的 1.8%，研究范式的缺失在中国传媒经济学研究中显得格外突出。

通过导论的文献综述发现，进入 21 世纪以来，我国传媒经济学学者就开始了对西方传媒经济学研究理论以及研究范式运用的介绍。而面对经济学研究范式主导下的西方传播经济学研究，从新闻传播领域滋生出的中国传媒经济学研究在研究理论与研究范式的运用上就显得格格不入。传媒经济学，虽说是传播学与经济学的交叉学科，但关于经济行为的研究，对于经济学研究范式的运用必不可少。因此，自 2002 年起，先后有十几位高层学者对我国传媒经济学研究中存在的不足进行反思，结合西方传媒经济学与经济学研究，试图建构出我国传媒经济学的理论范式与研究方法，对现有的研究范式进行了反思。①

---

① 参见：梁昊光．传媒经济理论比较研究[J]．现代传播．2002，155(2)：91-94；石义彬，周劲．传媒经济学研究的回顾与反思[J]．新闻与传播评论，2003(00)：236-248;；陈中原．传媒经济学研究的简要回顾[J]．新闻大学，2005(1)：9-12；强月新，郭韶明．我国传媒经济研究的量化分析[J]．武汉大学学报(人文科学版)，2006，59(2)：245-248；昝廷全．论传媒经济学与系统经济学之间的关系[J]．现代传播(中国传媒大学学报)，2006，139(2)：92-95；昝廷全．论传媒与传媒经济系统——兼谈传媒经济学的研究对象及方法[J]．现代传播(中国传媒大学学报)，2006，143(6)：93-97；昝廷全，刘静忆，王燕萍．传媒经济研究的历史、现状与对策[J]．现代传播(中国传媒大学学报)，2007，149(6)：81-84；李宜蓬．传媒经济学研究的对象、方法与进路分析——对中国传媒经济学理论框架的建构研究[J]．现代传播，2012，193(8)：104；崔保国．传媒经济学研究的理论范式[J]．新闻与传播研究，2012(4)：88；中国传媒经济研究的“学术地图”——基于共引分析方法的研究探索[J]．现代传播，2012，187(2)：30-38。

在中国传媒经济学“常规科学”阶段的建构过程中，学者们对于研究范式的反思与思考，似乎预示着在学科在发展过程中遇到了阻碍与困惑。

5.3 本章小结

进入21世纪，我国传媒经济无论从实业层面还是研究层面都有了长足的进步。在现实层面，传媒集团化继续进行，传媒产业、传媒市场规模越来越大，经济效益越来越好。在发展中虽然遇到波折或是瓶颈，但在国家“继续深化文化产业改革”和“文化产业大发展大繁荣”的政策支持下，中国传媒产业的发展前景仍是一片光明。

对于中国传媒经济学研究来说，在进入了迅速成长期后，相关研究文献数量猛增、研究队伍壮大且学术实力较强、学科自觉建制开始、学会成立、研究内容更为丰富、前沿，这些事实都推动着中国传媒经济学研究的发展，为中国传媒经济学研究进入“常规科学”阶段做好了准备。但在发展中，研究范式的缺失问题愈加凸显。由于研究者的学科背景单一，新闻传播学学科背景的研究者在面对经济行为的研究时显得力不从心，这也为中国传媒经济学的发展埋下了隐患。

第6章　中国传媒经济学研究的“双重范式危机”与范式待构

上文已提到，当前中国传媒经济学的研究方法混乱、不规范，学者也试图就其研究方法与理论范式进行建构。而从中国传媒经济相关文献数量变化情况可得知，2008年起，中国传媒经济学研究发展趋势出现放缓。这一现象的出现，“外因”——社会经济环境的变化，是否对其产生作用？“内因”——学科自身发展，是否真的遇到瓶颈？中国传媒经济学研究面对的是怎样的现实？

6.1　中国传媒经济学研究在发展中踌躇

从前文的论述中，我们能感受到“外因”与中国传媒经济学研究有着很强的关联性。传媒产业的发展，国家经济战略的变化与传媒经济学研究从内容上相互影响着。那中国传媒经济学研究与我国传媒业发展水平、与国家经济发展状况到底有着多强的关联性？对于中国传媒经济学研究自2008年后出现的放缓现象，我们从“外因”该如何解读？笔者决定从一组数据之间的相关分析开始展开讨论。

6.1.1　经济现实与中国传媒经济学研究

面对将要讨论的内容以及前文的分析，笔者提出以下假设，在不考虑其他变量的情况下：

假设1：中国传媒经济学研究与中国经济的发展呈现正相关。

假设2：中国传媒经济学研究与中国传媒产业发展呈现正相关。

假设3：中国传媒经济学研究与中国经济的发展和中国传媒产业发展同时正相关。

研究方法

国内生产总值(GDP)是一个国家经济实力的主要体现。GDP 数值的变化，在很大程度上揭示了一个国家经济形势的变化；对传媒产业发展状况最直观的体现就是传媒产业的年增加值情况；中国传媒经济学研究的年发文量，既年相关论文数量则是中国传媒经济学研究发展状况最为直观的体现。因此，选用这三个数值，用它们做相关分析，可以验证假设是否成立。

上文对中国传媒经济相关研究论文进行检索后得到，其论文数量的统计是从1993 年开始的。直到 2005 年，在清华大学崔保国教授及其团队的努力下，我国首个被官方认可的传媒产业统计数据——《传媒蓝皮书》才正式诞生。根据以往传媒产业相关数据可知：广告是中国传媒集团最主要的收入来源，是其经营支柱。传媒产业广告经营额占其总收入的 70%以上；[①] 而四大传媒的年广告经营额占到了传媒产业广告总经营额 80%以上。因此为了保证数据的完整性，笔者用中国四大传媒(电视、报纸、广播、期刊/杂志)年广告经营额数据来代替产业增加值数据。而 2012 年与 2013 年四大传媒的年广告经营额数据不全，所以我们对这三个数值的统计是 1993 年至 2011 年这十九年。

用统计软件 R 对 1993 年至 2011 年中国传媒经济学研究相关研究论文数量、中国四大传媒广告经营额、中国国民生产总值做相关分析，[②] 得到图 6-1。

---

① 林楠．中国传媒集团的收入分布和基本产业结构探析[J]．新闻界，2009(2)。

② 在统计软件 R 中操作如下：

```
###Load data###
raw.data=read.csv("mangdata.csv",header=T)
raw.data=as.data.frame(raw.data)
###take out year 2012 and 2013###
data=raw.data[1:19,]
###plot graphs###
par(mfrow=c(2,2))
plot(Articles~GDP,data,xlab="GDP", ylab="No. of Paper", main="No. of Paper against GDP")
plot(Articles~ad.revenue,data,xlab="Total Ad. Revenue", ylab="No. of Paper", main="No. of Paper against Total Ad. Revenue")
plot(Articles~Year,data,xlab="Year", ylab="No. of Paper", main="No. of Paper against Year")
plot(ad.revenue~GDP,data,xlab="GDP", ylab="Total Ad. Revenue", main="Total Ad. Revnue against GDP")
###Linear model###
```

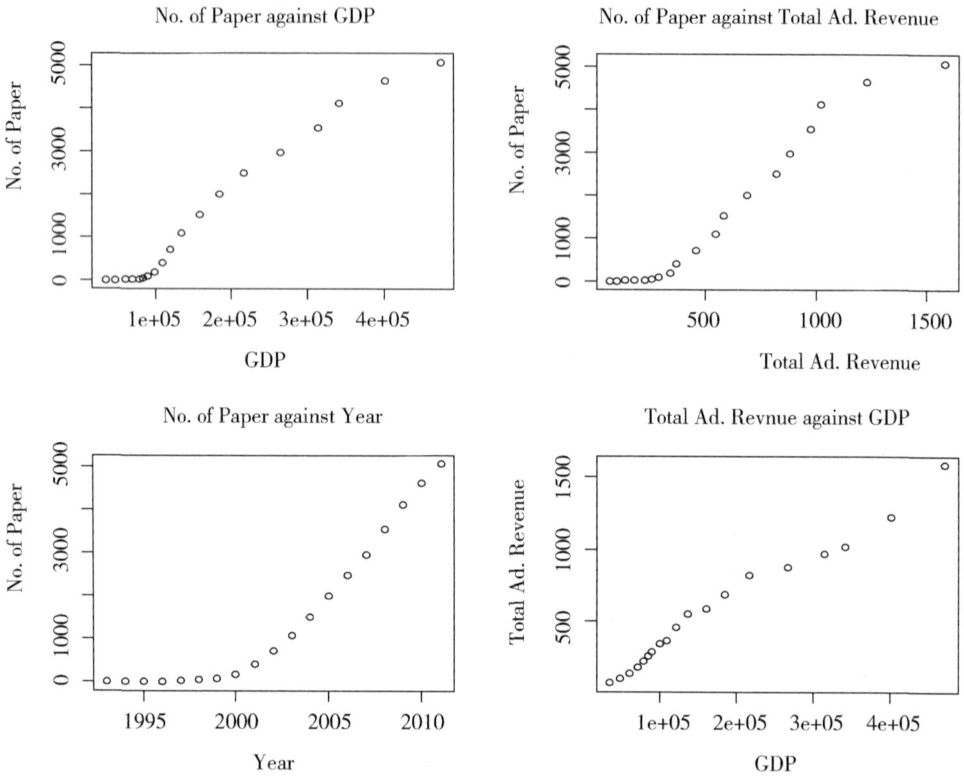

图6-1

图6-1由四部分组成，相关论文数量与GDP的相关图(左上)，其中纵坐标Y代表论文数，横坐标X代表GDP；相关论文数量与四大传媒广告经营额相关图(右上)、纵坐标Y代表论文数，横坐标X代表广告经营额；相关论文数量与时间的相关图(左下)，纵坐标Y为论文数，横坐标X为年份；四大传媒广告经营额与GDP的相关图(右下)，纵坐标Y代表广告经营额，横坐标X代表GDP值。从四个图中曲线的走势可明显看出，这四个图所代表的两两数值之间显现出非常明显的正相关关系，即随着数值X的增加，Y值也越来越大。

继续对数据进行检验，将研究文献数设为因变量Y，GDP数值设为自变量X。

建立模型1：$Y_i = \beta_0 + \beta_1 X_i + u_i$，$i = 1, \cdots, n$

通过统计软件 R 对模型进行参数估计，[①] 得结果：

lm(formula=Articles~GDP, data=data)

Residuals:

Min	1Q	Median	3Q	Max
-523.23	-233.92	15.68	181.93	377.17

Coefficients:

	Estimate	Std. Error	t value	Pr(>|t|)
(Intercept)	-8.261e+02	1.065e+02	-7.76	5.52e-07 ***
GDP	1.358e-02	4.988e-04	27.22	1.85e-15 ***

Signif. codes: 0 '***' 0.001 '**' 0.01 '*' 0.05 '.' 0.1 ' ' 1

Residual standard error: 271.3 on 17 degrees of freedom

Multiple R-squared: 0.9776, Adjusted R-squared: 0.9763

F-statistic: 741 on 1 and 17 DF, p-value: 1.847e-15

根据以上数据，模型 1 的回归结果为：

$$Y_i = -826.1 + 0.01358 X_i + u_i,\ i = 1, \cdots, n$$

这表明研究论文数 Y 与 GDP 数 X 呈正相关，且可看到 P 值均小于 0.05，$R^2=0.9763$，说明本模型对样本高度拟合。

这就说明假设 1 成立，即中国传媒经济学研究与中国经济的发展呈现正相关。

将研究文献数设为因变量 Y，四大传媒广告经营额数值设为自变量 Z。

建立模型 2：$Y_i = \beta_0 + \beta_1 Z_i + u_i,\ i = 1, \cdots, n$

通过统计软件 R 对模型进行参数估计，[②] 得结果：

lm(formula = Articles ~ ad. revenue, data = data)

Residuals:

Min	1Q	Median	3Q	Max
-616.1	-300.4	-62.2	297.9	731.2

① 在软件 R 中，输入代码：model. 1=lm(Articles~GDP, data)
summary(model. 1)

② 在软件 R 中，输入代码：model. 2=lm(Articles~ad. revenue, data)
summary(model. 2)

Coefficients:

	Estimate	Std. Error	t	value Pr(>|t|)
(Intercept)	-792. 5359	146. 0068	-5. 428	4. 52e-05 ***
ad. revenue	4. 0933	0. 2089	19. 592	4. 19e-13 ***

Signif. codes: 0 ‘ ***’ 0. 001 ‘ **’ 0. 01 ‘ * ’ 0. 05 ‘. ’ 0. 1 ‘ ’ 1

Residual standard error: 373. 1 on 17 degrees of freedom

Multiple R-squared: 0. 9576, Adjusted R-squared: 0. 9551

F-statistic: 383. 8 on 1 and 17 DF, p-value: 4. 19e-13

根据以上数据，模型 2 的回归结果为：

$$Y_i = -792.5359 + 4.0933 Z_i + u_i, \quad i = 1, \cdots, n$$

这表明研究论文数与传媒广告经营额呈正相关，且数据中 P 值小于 0. 05，$R^2=0.9551$，说明本模型对样本高度拟合。即假设 2：中国传媒经济学研究与中国传媒产业发展呈现正相关成立。

将研究文献数设为因变量 Y，GDP 数字值设为自变量 X，四大传媒广告经营额数值设为自变量 Z。

建立模型 3：$Y_i = \beta_0 + \beta_1 X_i + \beta_2 Z_i + u_i, \quad i = 1, \cdots, n$

通过统计软件 R 对模型进行参数估计①，得结果：

lm(formula = Articles ~ GDP + ad. revenue, data = data)

Residuals:

Min	1Q	Median	3Q	Max
-529. 08	-232. 18	23. 78	184. 85	362. 39

Coefficients:

	Estimate	Std. Error	t	value Pr(>|t|)
(Intercept)	-8. 266e+02	1. 098e+02	-7. 531	1. 2e-06 ***
GDP	1. 314e-02	3. 477e-03	3. 780	0. 00164 **
ad. revenue	1. 340e-01	1. 059e+00	0. 126	0. 90092

Signif. codes:0 ‘ ***’ 0. 001 ‘ **’ 0. 01 ‘ * ’ 0. 05 ‘. ’ 0. 1 ‘ ’ 1

① 在软件 R 中，输入代码：model. 3 = lm(Articles ~ GDP+ad. revenue, data) summary(model. 3)

Residual standard error: 279.5 on 16 degrees of freedom

Multiple R-squared: 0.9776,　　Adjusted R-squared: 0.9748

F-statistic: 349.1 on 2 and 16 DF,　p-value: 6.35e-14

根据以上数据，模型 3 的回归结果为：

$$Y_i = -826.6 + 0.01314X_i + 0.134Z_i + u_i, \quad i = 1, \cdots, n$$

这表明研究论文数与 GDP 数字值和传媒广告经营额呈正相关，但发现四大传媒广告经营额的 P 值大于 0.05，且数值非常大，为 0.90092，既其统计显著性不足，这个数值在此模型中可以不存在。通过图 6-1 的右下图可发现，广告经营额数值与 GDP 的相关性很高。而在多元回归模型中，如两个自变量间存在严重的共线性，则会影响模型结果，就应将其中一个剔除。因此，笔者将四大传媒广告经营额设为因变量 Z，GDP 数值设为自变量 X。

建立模型 4：$Z_i = \beta_0 + \beta_1 X_i + u_i, \quad i = 1, \cdots, n$

通过统计软件 R 对模型进行参数估计①，得结果：

lm(formula = ad.revenue ~ GDP, data = data)

Residuals:

Min	1Q	Median	3Q	Max
-90.25	-52.27	-5.19	51.94	110.36

Coefficients:

	Estimate	Std. Error	t	value Pr(>|t|)
(Intercept)	3.947e+00	2.512e+01	0.157	0.877
GDP	3.247e-03	1.177e-04	27.593	1.47e-15 ***

Signif. codes: 0 '***' 0.001 '**' 0.01 '*' 0.05 '.' 0.1 ' ' 1

Residual standard error: 64.01 on 17 degrees of freedom

Multiple R-squared: 0.9782,　　Adjusted R-squared: 0.9769

F-statistic: 761.4 on 1 and 17 DF,　p-value: 1.474e-15

根据以上数据，模型 3 的回归结果为：

---

① 在软件 R 中，输入代码：model.4=lm(ad.revenue~GDP, data)
summary(model.4)

$$Z_i = 3.947 + 0.003247 X_i + u_i, \ i = 1, \cdots, n$$

这表明广告经营额与 GDP 数值呈现正相关，且数据中 P 值小于 0.05，$R^2 = 0.9769$，说明模型对样本高度吻合。

而根据统计学家的意见，当自变量间的相关系数，也就是这里的 P 值超过 0.7(保守派)或 0.9(自由派)后，就属于存在严重的共线性，因此模型中的两个自变量 X 或 Z 应剔除一个，所以模型 3 虽然成立，但无意义。即假设 3，中国传媒经济学研究与中国经济的发展和中国传媒产业发展正相关成立，但显得多余，可去掉。

综上所述，在不考虑其他变量的情况下，中国传媒经济学研究与中国经济发展、中国传媒产业发展都有很强的关联性。它随着这两者的发展而发展，如经济发展或传媒产业发展情况出现放缓或倒退，中国传媒经济学研究也会出现放缓或倒退。

6.1.2　中国传媒经济学研究放缓的“外因”解读

通过上文一系列的回归分析了解到，就中国传媒经济学研究而言，在不考虑其他因素，特别是学科“内因”的情况下，其发展与中国经济发展、传媒产业发展呈现很强的正相关。因此对于 2008 年后，中国传媒经济学学科发展所出现的放缓现象，笔者先由“外因”开始解读。

随着市场经济的发展，传媒产业迅速成长，市场不断壮大。加之上文提到的政府各部委、各层级的鼓励文化产业发展政策的相继出台，为我国文化大繁荣带来了空前的机遇，给文化产业、传媒产业发展开辟了广阔的前景。2005 年传媒产业统计数据开始发布，我们就伴随着这些数据，了解近几年我国传媒市场到底怎样走向其“大繁荣”之路(见图 6-2)。

自 2005 年起，我国无论是传媒产业增加值还是 GDP 数值都一直在上升。传媒产业增加值由 2460.5 亿元人民币上升到 2012 年的 7600.5 亿元，增加值在八年间提高了三倍多；GDP 总量由 2005 年 184937.37 亿元增长到 2012 年的 519470.1 亿元，翻了约 2.8 倍。2008 年起至 2012 年，传媒产业增加值也增长了近两倍，GDP 增长了 1.6 倍多。

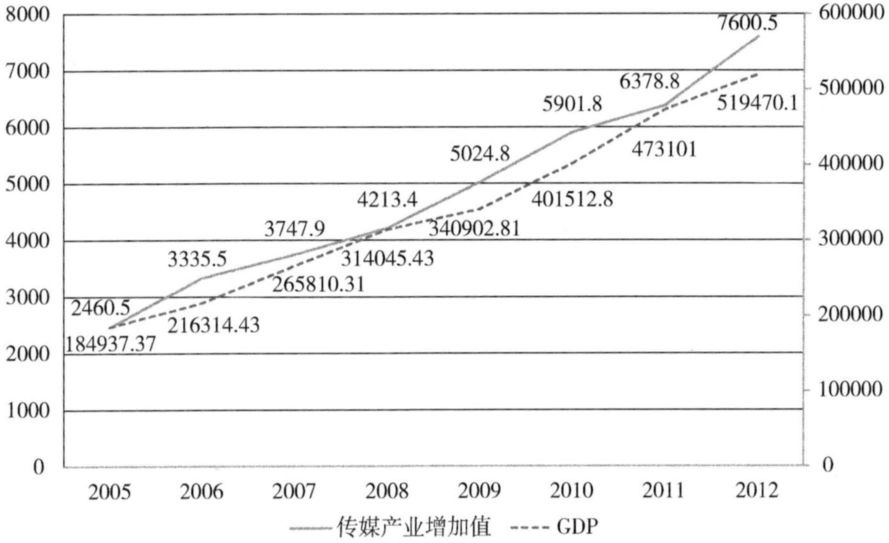

单位：亿元人民币

图 6-2 2005—2012 年中国传媒产业产值、国民生产总值走势图①

可见，就从中国经济发展状况和中国传媒产业发展状况，或它们所代表的“外因”数值上看，2008 年后并没有出现与中国传媒经济学研究类似的放缓现象，其数值的走势曲线没有下降。2008 年至 2012 年，五年时间传媒产业增加值 2. 8 倍，GDP1. 6 倍的增长，都表明了其不仅在发展，而且处在高速发展中。

因此，单从数值方面考虑，中国传媒经济学研究 2008 年后出现的放缓现象与“外因”无关。

但可看出，图 6-2 的两条增长曲线的斜率在这八年间出现了波动，这说明这两个数值的增长率有所波动。它们在这段时间的增长率并非保持在一个水平，所以，为了更清楚、深入地了解它们的变化，了解这段时期，特别是 2008 年后“外因”的变化情况，笔者将传媒产业增加值与 GDP 总量的增长率绘制成图 6-3。

从图 6-3 中可清楚地看到，两条增长率曲线在这八年间都出现了波动，并非一味向上增长。就 GDP 增长率曲线而言，2008 年出现了下滑，其增长率与前值

① 数据来源：崔保国．中国传媒产业发展报告(2012)[M]. 北京：社会科学文献出版社，2012；国家统计局相关数据。

相比下降了 4.6%，跌到 10%以下。而随后的四年时间，除了 2010 年增长率在 10%以上外，其余三年增长率最高的为 2011 年 9.3%，2012 年下降到近年来最低值 7.8%。这说明至 2008 年后，中国经济的发展速度放缓；再看传媒产业增加值增长率的变化，其走势仿佛过山车。2008 年后，增长率有高有低，2009 年，其增加值增长率从上一年的 12.4%上升到 19.3%。2011 年是近几年最低值，增长率仅 8.1%，低于同期 GDP 增长率。但 2012 年又上升到了 19.1%。这说明对于传媒产业的发展来说，这几年都在发展，只是发展不稳定，但并未出现放缓的趋势。

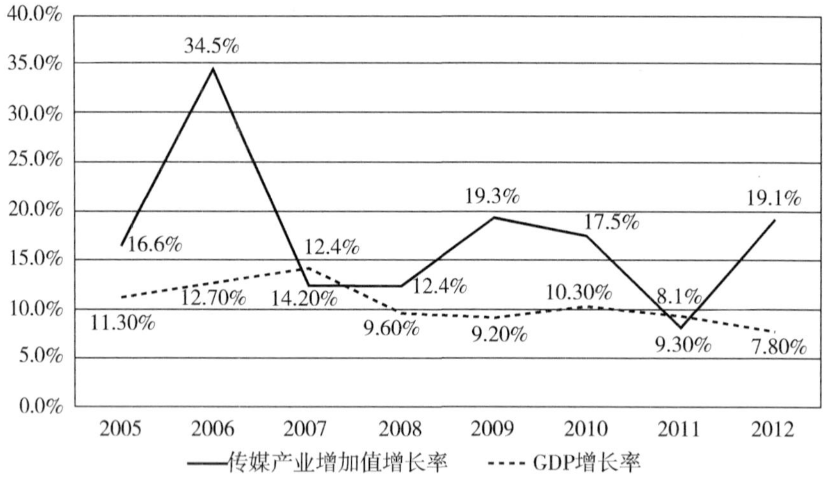

图 6-3　2005—2012 年中国传媒产业增加值、国民生产总值增长率变化图①

从以上的分析可看到：2008 年后，中国经济和中国传媒产业都在继续发展着。中国经济发展速度与前几年相比有放缓的迹象，但中国传媒产业并没有表现出这一趋向。而根据证明成立的假设 1、假设 2，在不考虑其他变量的情况下，中国传媒经济学研究与中国经济发展、中国传媒产业发展都有很强的正相关性。所以中国经济与中国传媒产业，既它们所代表的“外因”，并非导致中国传媒经济学研究的发展在 2008 年后出现放缓或暂时放缓的主要原因。

① 数据来源：崔保国．中国传媒产业发展报告(2012)[M]．北京：社会科学文献出版社，2012；国家统计局相关数据。

6.2 中国传媒经济学研究反思中的范式困惑

既然“外因”对近期传媒经济发展的影响被排出，则可以确定，造成2008年后，我国传媒经济学研究发展放缓的主要原因是学科自身发展遇到了问题，即其“内因”导致的。那中国传媒经济学研究究竟遇到了什么问题呢?

6.2.1 中国传媒经济学研究面临的新议题

对于中国传媒经济学研究遭遇到了怎样的议题，笔者先从这段时间的研究内容来寻求答案。以前文提到的在中国知网数据库中检索出的2008年至2013年中国传媒经济学研究相关2786篇论文为分析对象，对这些论文的关键词进行提取得到表6-1。

表6-1 **2008—2013年中国传媒经济学相关研究论文关键词排名**

排名	关键词	频次	排名	关键词	频次	排名	关键词	频次
1	传媒产业	809	11	中国传媒	132	21	资本市场	69
2	传媒企业	361	12	媒介市场	128	22	文化体制改革	66
3	传媒业	241	13	报业集团	111	23	互联网	66
4	新媒体	230	14	新闻出版	103	24	产业发展	66
5	传媒集团	221	15	媒介产业	100	25	金融危机	62
6	传媒市场	202	16	媒介融合	94	26	媒介管理	59
7	文化产业	168	17	中国传媒业	92	27	报纸	58
8	传媒经济	167	18	传媒	87	28	媒介	57
9	传统媒体	165	19	媒体	84	29	上市公司	53
10	受众	132	20	媒介经营	72	30	核心竞争力	52

同样，与前文对研究论文关键词的分类相同，将传媒经济学研究相关关键词分为传媒类型、传媒市场行为与传媒市场组成三大类。

在这六年的研究论文中，被提及频次较多的传媒类型为：新媒体、传统媒体、报业集团、新闻出版、互联网、报纸；从这可看出，新媒体是这段时间最热门的研究对象，与之相关的传媒类型关键词共出现了296次。“报纸”是传统媒体中被关注最多的传媒类型，共出现169次，而“电视”媒体自1993年来第一次没出现在热点关键词中。

热点关键词中，传媒市场行为类关键词有：媒介融合、媒介经营、文化体制改革、媒介管理、核心竞争力等。与之前的热点关键词表相比，“媒介融合”是第一次进入热点关键词当中，并成为研究的最为关注的一个市场行为，其出现频次有94次。

传媒市场组成类热点关键词有：文化产业、受众、资本市场、上市公司等。对于传媒市场组成的研究，从热点关键词来看，与之前的分期并无多大差异。

“产业”仍是中国传媒经济学研究永恒的主题。对于传媒企业投融资行为的研究也依旧是传媒经济学学者们持续关注的热点。“金融危机”在热点关键词中的出现说明，2008年所爆发的全球性金融危机，对传媒产业、对中国传媒产业带来了相当程度的影响，引起了中国传媒经济学研究者们的足够重视。

通过对热点关键词的分析(见图6-4)，新媒体，既数字化媒体已成为近几年

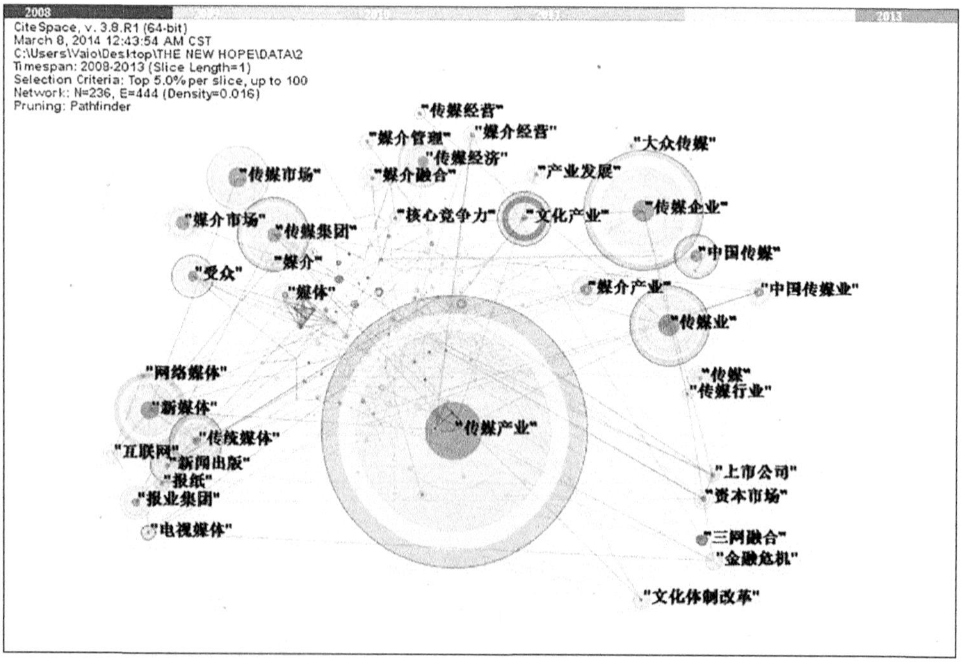

图6-4　2008—2013年中国传媒经济学相关研究论文关键词关系图

来传媒经济学研究重中之重。无论是在传媒类型中将“新媒体”“互联网”“网络媒体”作为研究对象，还是在传媒市场行为中就“媒介融合”“三网融合”等市场行为进行研究、探讨，都表明了这一点：随着数字技术的发展，中国传媒经济学学者对于数字化背景下传媒在产业形态上的转变给予了很多关注。整体看来，研究者们对于中国传媒经济学研究仍显得比较宏观。

通过关键词关系图(见图 6-5)可知，这段时期的研究仍是以“传媒产业”为中心展开。传媒类型、传媒市场行为、传媒市场组成这三大类关键词间相互关联。“三网融合”与“文化产业”成为热点关联词。与 2001 年至 2013 年关键词关系图相比，此图并无太多改变。

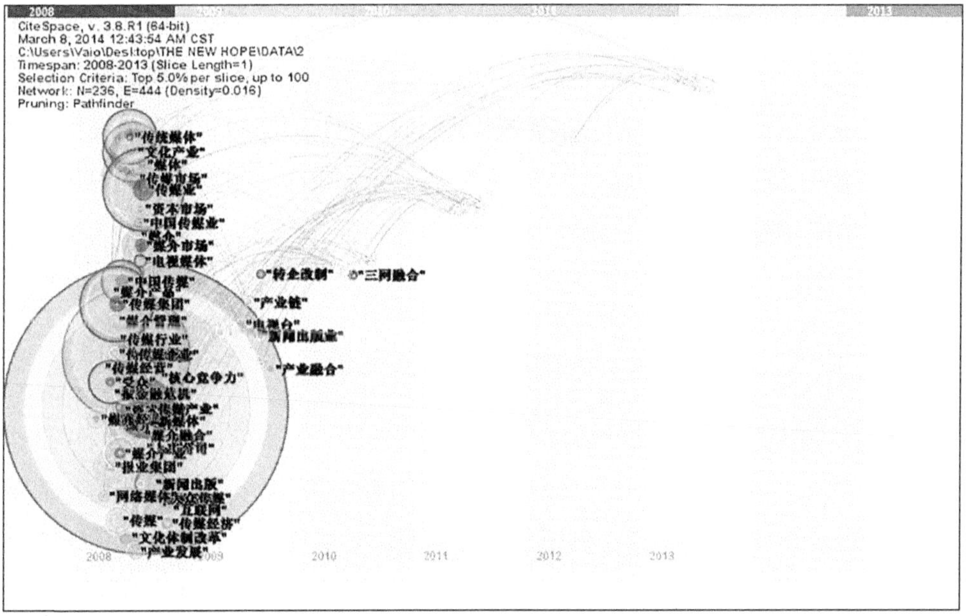

图 6-5　2008—2013 年中国传媒经济学相关研究论文关键词时空图

在 2008 年至 2013 年出现频次排名前 50 的关键词中，仅有“转企改制”“产业链”“产业融合”“三网融合”等 6 个关键词的在这段时期第一次出现时间实在 2009 年以后，其余的均是在 2008 年。且 2009 年后出现的 6 个关键词中，“产业链”“电视台”和“新闻出版业”在 2008 年以前就已出现过，所以可看到，2008 年后，仅“转企改制”“产业融合”和“三网融合”是最新的热门研究主题。

关于“转企改制”问题，早在 2003 年的文化体制改革试点工作展开时就被提出。2009 年，《文化产业振兴规划》通过，文化产业上升为国家战略支柱产业，这一话题又再次活跃在学者研究中。随着文化产业改革的深入，对于“文化事业单位”转企改制的研究增加。可以发现，研究者们无论是在我国传播经济研究初期关于“混合体制”“集团化”问题的思考，还是随后的“文化体制改革”“事业单位企业化经营”“两分开”的探讨，“制度”都是其研究的主题。与西方传媒经济学的研究有所不同，我国传媒经济是建立在中国特色社会主义市场经济体制下的，并非是完全市场化的产物。因此，关于制度设计与安排、制度变迁、制度效益等这些针对非市场因素的研究受到中国传媒经济学研究者的关注，并成为其研究重点。

“产业融合”和“三网融合”是在数字化背景下传媒产业所面临的新问题。从时空图可看出，它们也是 2008 年后，我国传媒经济学研究唯一出现的新的热点话题。数字化这一时代背景是全球学者所共同面对的新问题和新挑战。在数字化背景下传播形态的变化，传媒产品的创新，传媒企业策略的改变以及传媒产业的发展、布局等问题都进入了传媒经济学研究者的视野。在现实中出现了大量等待着释疑的问题。

6.2.2　中国传媒经济学研究的“双重范式危机”

无论是关于“制度”持续性的思考，还是“数字化”带来的挑战，在面对这些问题时，毫无疑问，经济学研究工具的运用成为研究者们进行研究时最迫切的需要。“传媒经济”从本质上说，仍属于经济问题。它虽与许多社会、政治、文化问题相关联，特别是对于中国的传媒经济，这个在中国特色社会主义制度下建立起的传媒制度与体制，并非仅仅是经济问题。但不可否认，对于一个产业的经济活动、经济现象的研究，经济问题无可非议地应为其研究重中之重。

由上文对中国传媒经济学研究的回顾可看出，中国传媒经济学研究存在着先天发展落后、后天成长不足的特点，它正遭遇着“双重范式危机”。

相对于西方传媒经济学由 20 世纪 20 年代开始涉及，70 年代兴起，80 年代走向成熟的时间进程表，我国传媒经济学研究从初始起就已落后于西方。20 世纪 20 年代，虽然也有学者就传媒经济相关议题展开讨论，但相关议题的探索遭遇到两次起落，直至20世纪80年代，与中国传媒经济相关的研究才再次被涉及。走进21世纪，我国传媒经济学研究终于进入了迅速发展期，学科的自觉化建制开始。而此进程已比西方传媒经济学晚了十余年。

当然，学科发展时间上的落后并非中国传媒经济学研究最重要的缺失。毕竟在这仅二十多年的时间中，中国传媒经济学在学科建设、研究机构、研究者等方面都快速地成长起来，并取得了丰硕的研究成果。但研究者学科背景单一、研究范式缺失等后天成长不足造成的问题才是现在中国传媒经济学研究存在的最大弊端。

一直以来我国学者，特别是哲学与社会科学学者都面临着研究科学化、规范化的问题。中国现代大学的建立最早可追溯到19世纪晚期，是在洋务运动与戊戌变法的影响下开始的。相对于现代大学制度在11世纪晚期就已起源于西方，中国晚了800余年。且我国现代学科的建立与发展更是在半殖民地半封建的社会背景下，通过对发达国家，特别是日本的学科体制的直接引进实现的。对于发达国家而言，新学科的创建实际上是一个学科分化的过程，是学科内在知识的演化、生产与特定经济、政治因素结合来进行的知识再生产后的结果。而我国新学科的建立，并不是学科的分化过程，更多的是一个被传播与接受的过程，一个派生的过程。在这样一个学科导入过程中，由于中国学者的学术规范化程度不高，因此直接影响了学科研究范式的导入，造成研究中研究方法存在重大缺陷。就中国传媒经济学研究来说，在学科发展期间，对西方传媒经济学研究范式的导入仍不充分。大多数研究者所采取的以描述为主、比较空泛、缺少实证研究支撑的研究与西方传媒经济学研究者符合学术规范、注重实证的研究相比显得既不规范也缺乏学术修炼。这种研究方法不仅不能在国际学术舞台上获得认可，并且随着中国传媒经济的发展，随着中国传媒经济学研究不断开展、传媒经济学科体系逐步完善、学术机构成立、学术会议定期召开、与国际交流愈加频繁而越来越成为一个影响学科发展的重要因素。

而从对传媒经济相关研究有所触及的20世纪20年代起，拥有传播学学科背景的研究者就一直是中国传媒经济学研究的主力军，他们占了研究者的绝大多数。前文中也已提到，这是我国传媒经济学研究发展与西方的不同之处。在西方，首先触及传媒经济领域的研究者，多为经济学背景。在随后的发展中，传媒学者逐渐成为传媒经济学科制度化或是促进学科自觉建制的主要因素，但拥有经济学、管理学、社会学学科背景的研究者同样占据着西方传媒经济学研究的重要位置。因此西方传媒经济学研究者学科组成是比较丰富的。我国传媒经济学研究发展到现在，虽在上一章的研究中发现，在发文频次较高的研究者中，学科背景结构已比之前阶段更为丰富，但从整体上看，新闻传播学学科背景的研究者仍然是我国传媒经济学研究的绝对主力。

虽然由于我国的社会、政治、经济等“外因”与西方传媒经济所面临的不同，中国传媒经济研究有中国自身的特色。但作为一门科学的学科领域，传媒经济学研究就应采取经济学的研究范式。因此，对西方已有的传媒经济学研究范式导入还未完成，经济学研究范式的缺失，成为中国传媒经济学发展过程中遇到的第一层范式危机。

在对西方研究范式导入还未完成的情况下，中国传媒经济研究，或者说世界传媒经济研究又遇到了新的议题。如上文所述，数字化传播背景下传媒产业面临的转型与升级问题、对新的盈利模式探寻等问题在西方旧的传媒经济研究框架下已无法解决。就中国传媒经济研究而言，除了以上面临的新问题，在文化体制改革背景下，传媒机构“两分开”的体制改革更是中国传媒业界发展中遭遇的重大的、独特的问题。这是中国特色社会主义体制下，传媒机构所面临的制度与体制的问题。对于这一问题的研究，纯粹的经济学研究范式也许并不适用，我们需要从理论范式到方法方法上探寻一个新的路径。所以，在对西方传媒经济学研究方法与理论范式的导入还未完成的情况下，这一系列新问题的发生，使得原有范式已无法做出令人满意的释疑活动，中国传媒经济学面临着第二层范式危机。

6.2.3　中国传媒经济学研究的范式待构

因此，面对中国传媒经济学研究的新议题、面对中国传媒经济学研究中存在的研究规范化程度不高、研究方法单一的问题，即中国传媒经济学面临的“双重范式危机”，要破解这一发展困境，就目前中国传媒经济学研究的现状来看，对西方传媒经济学研究方法与理论范式的导入与借鉴依然显得十分必要。只有明确了本学科的研究范式，才能相对应地规范研究方法，才能让研究者根据研究主题来不断地完善自身的学科知识，丰富本研究领域研究者的学科背景，从而提高中国传媒经济的研究水平，促进学科建设、使得我国传媒经济学研究逐步迈向“常规科学”阶段。

同时，面对世界传媒经济发展中的新问题，面对中国传媒经济发展中的独特议题，传媒经济学者应与西方学者一起，去探索解决问题的新的研究方法与理论范式，去努力地进行释疑活动。并在世界传媒经济发展不平衡这一大的现实背景下，来讨论“不平衡问题”，去试图解决不平衡问题。

根据中国传媒经济学研究的发展现状，以及影响其发展的“外因”与“内因”，笔者认为，中国传媒经济学研究范式的建构应在经济学研究范式上，同时兼顾传播学研究范式。

而对于一个规范的经济学研究，其研究框架应由以下五个部分组成：① ①界定经济环境。客观地描述经济环境并刻画其特征；②设定行为假设。对经济人(对于传媒经济学研究而言，则是传媒机构)的行为方式做出假设；③给出制度安排。根据不同情况、不同环境来设定不同的游戏规则；④选择均衡结果。经济人根据实际情况，做出权衡取舍后找出最佳结果；⑤进行评估比较。在经济人做出选择后，对选择导致的结果，在某种给定的标准(如利益最大化、资源有效配置等)下来进行评价。

因此，传媒经济学研究应在这一研究框架上，结合自身特点，应用相关研究范式、理论资源来进行这一学科领域的研究，进行“释疑”活动。在对传媒经济学相关研究范式、理论资源进行梳理后得到表6-2。

笔者认为，传媒经济学是属于经济学与新闻传播学相交的交叉学科，其研究的理论范式应是在理论经济学、应用经济学和传播学这三大维度下展开的。

理论经济学理论范式下，可借助于微观经济学、宏观经济学、制度经济学、发展经济学这四大研究范式来对中国传媒经济相关问题进行研究。其研究对象主要针对传媒机构的经济活动中所涉及的消费者、传媒机构、国民经济总体、制度供给以及世界传媒经济发展不平衡这几大方面。在对这些经济活动进行研究时，消费者行为理论、福利经济学、均衡价格理论、投资理论、经济增长理论、制度变迁理论、产权理论、交易费用和新增长理论等理论资源都予以运用。

① 参见：田国强. 现代经济学的基本分析框架与研究方法[J]. 经济研究，2005(2)：113-124。

表 6-2 **传媒经济学研究范式与理论资源表**

<table>
<tr><th>学科门类</th><th>理论范式</th><th>研究范式</th><th>研究对象</th><th>理论资源</th></tr>
<tr><td rowspan="7">经济学</td><td rowspan="4">理论经济学</td><td>微观经济学</td><td>消费者
传媒机构</td><td>消费者行为理论
福利经济学
均衡价格理论</td></tr>
<tr><td>宏观经济学</td><td>国民经济总体与
传媒产业间的关系</td><td>投资理论
经济增长理论</td></tr>
<tr><td>制度经济学</td><td>传媒的体制与制度</td><td>制度变迁理论
产权理论
交易费用理论</td></tr>
<tr><td>发展经济学</td><td>世界传媒经济发展
“不平衡”问题</td><td>新增长理论</td></tr>
<tr><td rowspan="3">应用经济学</td><td>中观经济学
（产业经济学）</td><td>传媒产业</td><td>产业组织理论
产业结构理论
产业关联理论
产业发展理论</td></tr>
<tr><td>金融学</td><td>传媒机构投资</td><td>公司金融
投资学</td></tr>
<tr><td>统计学</td><td>利用概率论研究
传媒经济问题</td><td>描述统计
推断统计</td></tr>
<tr><td rowspan="2">新闻传播学</td><td rowspan="2">传播学</td><td>技术主义控制论</td><td>媒介形态
传媒生态</td><td>传媒产业与社会发展</td></tr>
<tr><td>结构主义批判论</td><td>媒介技术主义理论</td><td>文化批判理论</td></tr>
</table>

在应用经济学的理论范式下，对传媒经济学的研究可分为产业经济学、金融学和统计学这三个研究范式。在这三个研究范式下，传媒经济学主要探讨的是关于传媒产业、传媒机构投资行为以及利益概率论来研究传媒经济这几大主要问题。可借鉴的理论资源有产业组织理论、产业结构理论、产业关联理论、产业发展理论、公司金融、投资学、描述统计和推断统计等。

对于传播学这一理论范式，技术主义控制论与结构主义批判论是传媒经济学研究可运用的最为重要的研究范式。在这两大研究范式下，关于媒介形态、传媒生态、传媒产业与社会发展的研究是其主要研究对象。而媒介技术主义理论和文化批判理论是最主要的理论资源。

在以上提及的传媒经济学研究框架上，运用所梳理的研究范式来进行传媒经济学相关研究，对中国传媒经济学发展中所面临的研究方法单一、不规范、不科学，研究范式不清晰的问题都有了很好的回应。并会有助于中国传媒经济学更好的发展，有助于科学共同体的形成，使其的“释疑”活动更为顺利，为其迈进“常规科学”阶段做好重要准备。

6.3 本章小结

在对 2008 年中国传媒经济学研究“放缓”现象从“外因”和“内因”两方面做了分析后发现：中国传媒经济学学科自身发展中遇到的障碍是出现这种现象的主要原因。

中国传媒经济学研究方法上存在的缺陷，对已有西方传媒经济学理论范式与研究方法的导入未完成，又面临着一系列旧有范式无法解决的新问题——“双重范式危机”是阻碍其发展最为重要的因素，中国传媒经济学研究呼唤着范式的建构。笔者根据中国传媒经济学的所面临的现实，在由五部分组成的研究框架下，从理论经济学、应用经济学和传播学三大理论范式维度出发，为中国传媒经济学构建了集经济学与新闻传播学为一身的研究范式，试图解决传媒经济学学科发展中面临的问题。

结　　语

中国传媒经济学研究萌发于20世纪二三十年代，随着社会变迁、经济发展、体制改革，直至80年代再次被提及，并在具有中国特色的媒介经营现实中走上了学科发展道路。传媒经济学经过了“前科学”时期，如今身处中国传媒产业快速发展、传媒产业格局变化、传媒产业转型升级的背景下，学科进入迅速成长期，并为走向“常规科学”阶段做着准备。

笔者在学科史视野下，从影响学科发展的“外因”与“内因”两个维度，在学科发展的规律中对中国传媒经济学研究进行整体回顾后，发现与西方传媒经济学的发展路径不同，中国传媒经济学自诞生之日起就走着带有强烈自身特色的发展道路。

在学科萌芽与早期研究时期，异于西方传媒经济学研究领域经济学家的最先介入，新闻传播学者是当时最为主要，也可说是唯一的涉足当时中国传媒经济学相关议题的研究者。20世纪80年代至90年代初期，在“建设中国特色社会主义市场经济体制”的大背景下，传媒机构混合体制得到政策制定者认可，相关研究也就此在以来自传媒业界为主的研究者中零星展开。

从20世纪90年代初期，在中国传媒机构改革持续、传媒经济快速发展的推动下，传媒经济学研究也进入了“前科学”时期。学界逐渐成为这一研究领域的研究主力。与西方传播经济学发展不同，研究队伍的单一学科背景(新闻传播学)，是这一时期中国传媒经济学研究的一大特征。科学、规范的研究方法并没有被传媒经济学研究者运用。研究队伍弱小、分散，研究范式缺失，中国传媒经济学研究在这样的状况下继续前行。

终于在进入21世纪后，可以说中国传媒经济学开始了学科“自觉建制”，中国传媒经济学研究迎来了迅速成长的时期。研究文献剧增、研究队伍壮大、研究者学科背景多样化、学科体系的建设和发展、学术会议的定期召开、学术机构的创建等都标志着中国传媒经济学研究在这一时期正在迅速发展着，为其走向“常规科学”阶段做着准备。影响学科发展的“外因”仍朝着促进学科发展的方向推进其发展，但在迅速成长的过程中，对于研究范式的困惑正阻碍着中国传媒经济的发展。

在这样一个学科发展的重要时期，对中国传媒经济学研究的整体回顾，显得必要且及时，这也正是本书价值之体现。而在此研究基础上，给后续研究提供了足够的线索与空间。中国传媒经济学科发展仍在继续，对于它的研究也绝未终止。

参 考 文 献

[1]曹鹏. 报刊业进入“春秋战国时代”——99 年初中国传媒市场观察与分析[J]. 新闻三昧，1999(1).
[2]曹鹏. 国内报业市场形势及展望[J]. 新闻记者，1999(12).
[3]曹鹏. 国内报业市场形势分析与经济前景展望[J]. 当代传播，2000(2).
[4]曾国屏，李正风，杜祖贻. 当代科学共同体的分化与学术国际化问题的思考[J]. 自然辩证法通讯. 2002，142(6).
[5]常永新. 我国传媒集团的发展及现状分析[J]. 广西社会科学，2003(2).
[6]陈力丹. 新闻是一种特殊商品[J]. 新闻界，1986(6).
[7]陈中原. 传媒经济学研究的简要回顾[J]. 新闻大学，2005(1).
[8]崔保国. 卢金珠. 2004—2005 年中国传媒产业的现实与发展趋势[J]. 新闻记者，2005(3).
[9]崔保国. 中国传媒产业发展报告(2011)[M]. 北京：社会科学文献出版社，2011.
[10]崔保国. 中国传媒产业发展报告(2012)[M]. 北京：社会科学文献出版社，2012.
[11]崔保国. 中国传媒产业发展报告(2013)[M]. 北京：社会科学文献出版社，2013.
[12]崔保国. 传媒经济学研究的理论范式[J]. 新闻与传播研究，2012(4).
[13]崔书文. 传媒产业和资本市场[J]. 理论前沿，2001(1).
[14]戴茸，王晓山. 加拿大的多元文化政策及文化产业管理[A]. //2001—2002 年中国文化产业报告[M]. 北京：社科文献出版社，2002.
[15]戴元初. 中国传媒产业规制的解构与重构[J]. 青年记者，2006(2).

[16]丹增．文化产业发展论[M]．北京：人民出版社，2005.
[17]丁允朋．为广告正名[N]．文汇报，1979-01-14.
[18]董天策，等．中国报业的产业化运作[M]．成都：四川人民出版社，2002.
[19]段京肃．定位：重组：媒体应对 WTO[J]．国际新闻界，2001(5).
[20]方汉奇．中国新闻事业编年史：上[M]．福州：福建人民出版社，2000.
[21]方汉奇．中国新闻事业编年史：中[M]．福州：福建人民出版社，2000.
[22]冯百祥．神华宝业经营管理改革的探讨[J]．新闻战线，1988(3).
[23]冯江华，王峰．主导产业、优势产业和支柱产业辨析[J]．生产力研究，2000(3).
[24]戈公振．中国报学史[M]．上海：上海书店，1927.
[25]杭敏，[瑞典]罗伯特·皮卡特．传媒经济学研究的历史、方法与范例[J]．现代传播，2005(4).
[26]何琳．知识共同体、他的结构与功能[J]．自然辩证法研究，1998(12).
[27]黄瑚．论中国近代新闻事业发展的三个历史阶段[J]．新闻大学，2007(1).
[28]黄升民．新闻媒介的经营与开发[J]．中国记者，1993(1).
[29]江涛．科学共同体“范式”概念的文化价值蕴涵[J]．自然辩证法研究，1997(9).
[30]蒋国珍．中国新闻发达史[M]．上海：世界书局，1927.
[31]金尚年．自然科学史研究的发展、意义及其在综合大学中应有的地位[J]．自然辩证通讯，1984(1).
[32]李思屈．文化产业概论[M]．杭州：浙江大学出版社，2007.
[33]李宜蓬．传媒经济学研究的对象、方法与进路分析——对中国传媒经济学理论框架的建构研究[J]．现代传播，2012，193(8).
[34]梁昊光．传媒经济理论比较研究[J]．现代传播，2002，155(2).
[35]林楠．中国传媒集团的收入分布和基本产业结构探析[J]．新闻界，2009(2).
[36]刘宏．中西比较：市场经济与大众传媒[J]．国际新闻界，2000(2).
[37]刘吉发，岳红记．文化产业学[M]．北京：经济管理出版社，2005.
[38]刘军．整体网分析讲义——UCINET 软件实用指南[M]．上海：格致出版社，2009.

[39]刘晓兵．中国传媒产业化与中国证券市场研究[J]．湖南商学院学报，2000(2)．
[40]柳旭波．传媒体制改革的制度经济学分析[J]．新闻界，2006(2)．
[41]罗家德．社会网分析讲义[M]．北京：社会科学文献出版社，2005.
[42]罗霆．我国传媒产业进入证券资本市场现状研究[J]．现代传播，2000(1)．
[43]罗以澄，吕尚彬．中国社会转型下的传媒环境和传媒发展[M]．武汉：武汉大学出版社，2010.
[44]穆昭山．试谈电视广告的作用及不足[J]．现代传播，1991(4)．
[45]潘祥辉．中国传媒业改制的逻辑与困境——从“中华新闻报”停刊说起[J]．当代传播，2010(2)．
[46]潘忠党．历史叙事及其建构中的秩序——以中国传媒报道香港回归为例[A]．//郭建斌，吴飞．中外传播学名著导读[M]．杭州：浙江大学出版社，2005.
[47]祁述裕．国际文化竞争力与中国文化产业的发展[J]．国家行政学院学报，2001(5)．
[48]强月新，郭韶明．我国传媒经济学研究的量化分析[J]．武汉大学学报(人文科学版)，2006，59(2)．
[49]石义彬，周劲．传媒经济学研究的回顾与反思[J]．新闻与传播评论，2003(1)．
[50]宋建武．报业经济、集团化与媒介产业政策[J]．新闻与传播研究，1997(4)．
[51]孙旭陪．加入世贸与中国数字传媒的发展[J]．中国工商，2001(11)．
[52]覃修龙．试论报纸经营企业化问题[J]．新闻知识，1990(1)．
[53]谭远军．新媒体运动[J]．多媒体世界，2001(6)．
[54]唐绪军．报业经济与报业经营(第二版)[M]．北京：新华出版社，2003.
[55]田国强、现代经济学的基本分析框架与研究方法[J]．经济研究，2005(2)．
[56]童兵．加入世贸组织三年中国传媒格局的嬗变与前瞻[J]．复旦学报(社会科学版)，2005(1)．
[57]童兵．为传媒体制改革提供理论支持[J]．新闻界，2006(5)．

[58]涂光晋．世纪之交的美国新闻业——美国主要媒体现状考察分析[J]．国际新闻界，1998(1)．
[59]屠忠俊．报业、广播电视业与证券资本市场[J]．新闻大学，2001(夏)．
[60]王崇德．文献计量学教程[M]．天津：南开大学出版社，1990．
[61]王泠一．全球化背景下的传媒产业发展态势[J]．新闻记者，2001(4)．
[62]王润泽．中国新闻媒介史(1949年前)[M]．北京：北京大学出版社，2011．
[63]吴杰．默多克控股后的《泰晤士报》[J]．新闻战线，2001(1)．
[64]吴廷俊．中国新闻史新修[M]．上海：复旦大学出版社，2010．
[65]吴晓波．"强国梦"：曲折中的崛起——新中国六十年经济建设回望[N]．经济观察报，2009-08-03．
[66]徐宝璜．新闻学[M]．北京：中国人民大学，1994．
[67]徐益．试论社会主义广播电视广告的特征[J]．中国广播电视学刊，1989(1)．
[68]徐铸成．旧闻杂忆(修订版)[M]．北京：生活·读书·新知三联书店，2009．
[69]鄢光让，周斌．关于新闻事业性质及属性的再认识[J]．当代传播，1997(1)．
[70]严三九．资本运营：中国传媒产业发展的助推器[J]．新闻界，2001(6)．
[71]阳美燕．我国报业集团发展的两个现实问题[J]．新闻记者，2000(3)．
[72]杨瑞明．瑞典媒介市场概观[J]．国际新闻界，1998(2)．
[73]杨旭才．广播电视传播的经济功能及等价交换[J]．中国广播电视学刊，1990(6)．
[74]喻国明，当前中国传媒业发展客观趋势解读[J]．现代传播，2004，127(2)．
[75]喻国明，何睿．大数据时代传媒经济学研究框架及工具的演化——2012年我国传媒经济学研究文献综述[J]．国际新闻界，2013(1)．
[76]喻国明，李彪．发展之困与"突围"之道——2008年我国传媒经济学研究概述[J]．国际新闻界，2009(1)．
[77]喻国明，宋美杰．传媒经济学研究的热点、局限与未来期待——2011年传媒经济学研究综述[J]．国际新闻界，2012(1)．
[78]喻国明，宋美杰．中国传媒经济学研究的"学术地图"——基于共引分析方

法的研究探索[J]. 现代传播, 2012, 187(2).
[79]喻国明, 宋美杰. 中国传媒经济学研究的场域分析[J]. 社会科学战线, 2013(1).
[80]喻国明, 宋美杰. 中国传媒经济学研究的场域分析——基于共词分析与词频分析方法的探索[J]. 文化与传播, 2012(1).
[81]喻国明, 宋美杰. 中国传媒业: 发展状况、热点聚焦与未来走势——基于2010年关涉传媒业文本的高频词分析[J]. 编辑之友, 2011, 172(2).
[82]喻国明, 王斌. 传媒业变革节点的理论回应——2009传媒经济学研究关键词[J]. 国际新闻界, 2010(1).
[83]喻国明, 王斌. 从"增量改革"到"语法革命"——2007年我国传媒经济学研究概述[J]. 国际新闻界, 2008(1).
[84]喻国明, 王斌. 现实困顿之下的理性起步——2006年我国传媒经济学研究概述[J]. 国际新闻界, 2007(1).
[85]喻国明. 财经杂志的春天——解读美国财经传媒《福布斯》[J]. 财经界, 2001(5).
[86]喻国明. 略论资本市场与传媒产业结缘的机遇、操作方法与风险规避[J]. 新闻与传播研究, 1999(4).
[87]喻国明. 2010年中国传媒学术界关注了什么[J]. 新闻与写作, 2011(2).
[88]喻国明. 中国传媒业发展的地理空间语义网——社会视角下的2012中国传媒业的地域关键词[J]. 新闻与写作, 2013(2).
[89]袁江洋. 科学史的向度[J]. 自然科学史研究, 1999(2).
[90]昝廷全, 刘静忆, 王燕萍. 传媒经济学研究的历史、现状与对策[J]. 现代传播(中国传媒大学学报), 2007, 149(6).
[91]昝廷全. 论传媒经济学与系统经济学之间的关系[J]. 现代传播(中国传媒大学学报)2006, 139(2).
[92]昝廷全. 论传媒与传媒经济系统——兼谈传媒经济学的研究对象及方法[J]. 现代传播(中国传媒大学学报), 2006, 143(6).
[93]张辉锋. 传媒资源整合的必由之路——资本运营[J]. 新闻知识, 2001(4).
[94]张金海, 余晓莉. 媒介发展政策导向与制度变迁[J]. 中国媒体发展研究报

告，2004(000).
[95]张旭培．新闻学新论[M]．北京：当代中国出版社，1994.
[96]赵化勇．中央电视台发展史(1958—2008)[M]．北京：中国广播电视出版社，2008.
[97]郑保卫．事业性、产业性：转型期中国传媒业双重属性解读[J]．今传媒，2006(8).
[98]郑保卫，唐远清．试论新闻传媒核心竞争力的开发[J]．新闻战线，2003(1).
[99]郑保卫．事业性、产业性：转型期中国传媒业双重属性解读[J]．今传媒，2006(8).
[100]中国共产党新闻工作文件汇编(中)[R]．新华出版社，1980.
[101]钟伟金，李佳．共词分析法研究(二)——类团分析[J]．情报杂志，2008(6).
[102]钟伟金，李佳．共词分析法研究(一)——共词分析的过程与方式[J]．情报杂志．2008(5).
[103]周鸿铎．传媒经济[M]．北京：北京广播学院出版社，1997.
[104]周劲．传媒治理结构：制度分析与实证研究[J]．现代传播，2005，135(4).
[105]周其仁．产权制度与制度变迁[M]．北京：北京大学出版社，2009：5.
[106]朱庆华，李亮．社会网络分析法及其在情报学中的应用[J]．情报理论与实践，2008，31(2).
[107][法]阿梅龙．建构中国近代学科的分析框架——西方学科史理论的借鉴[J]．史学月刊，2012(9).
[108][美]托马斯·库恩．科学革命的结构[M]．李宝恒、纪树立，译．上海：上海科学技术出版社，1980.
[109][美]托马斯·库恩．对范式的再思考[A]．见：[美]托马斯·库恩．必要的张力[C]．范岱年、纪树立译．北京：北京大学出版社，2004.
[110][美]伊安·哈金．导读[A]．//[美]托马斯·库恩．科学革命的结构[M]．金吾伦，胡新和，译．北京：北京大学出版社，2012：12-14.
[111]GREEN PAPER—Unlocking the potential of cultural and creative industries[R].

European Commission. Brussels, 2010.

[112] Alan B. Albarran. Media Economics: Research Paradigms, Issues, and Contributions to Mass Communication Theory[J]. Mass Communication & Society, 1998, 3.

[113] Alan B. Albarran. Media Economics [A]. //John D. H. Downing, Denis McQuail, Philip Schlesinger, Ellen Wartella. The SAGE Handbook of Media Studies[M]. New York: SAGE Publications Inc, 2004.

[114] Babe, Robert E. Communication and the Transformation of Economics[M]. Boulder, Colo.: Westview Press, 1995.

[115] Bernstein, Irving. The economics of television film production and distribution [M]. Sherman Oaks, Calif, 1960.

[116] Colin Hoskins, Stuart McFayden, Adam Finn. Media Economics: Applying Economics to New and Traditional Media[M]. Thousand Oaks, CA: Sage, 2004.

[117] Douglas Gomery: Media Economics: Terms of Analysis[J]. Critical Studies in Mass Communication, 1989, 6.

[118] H. Kragh. An Introduction to the Historiography of Science[M]. Londono N. Y.: Cambridge University Press, 1987.

[119] International Intellectual Property Alliance (IIPA). Copyright Industries in The U. S. Economy—The 2003-2007 Report(R).

[120] International Intellectual Property Alliance (IIPA). Copyright Industries in The U. S. Economy—The 2011 Report[R].

[121] International Intellectual Property Alliance (IIPA). Copyright Industries in The U. S. Economy—The 2013 Report[R].

[122] J. A gassi. Toward s an Historiography of Science[M]. Mouton & Co., 1963.

[123] Jame Hiram Leonard. Economics of the radio industry[M]. Chicago, New York: A. W. Shaw company, 1925.

[124] Kurt M. Miller, Oscar H. Gandy Jr.. Paradigmatic Drift: A Bibliographic Review of the Spread of Economic Analysis in the Literature of Communication[J]. Journalism & Mass Communication Quarterly, 1991, 68(4).

[125] Lemaine, Gerard, Macleod, Roy, Mulkay, Weingart, Peter, Perspectives on the

Emergence of Scientific Disciplines[M]. The Hague, Paris: Mouton, 1976.

[126]M. A. Finochiaro. History of Science as Explanation[M]. Detroit: Wayne State University Press, 1973.

[127]Margaret. Masterman. Nature of Paradigm[A]. //Imre. Lakatos、Alan. Musgrave. Criticism and Growth of Knowledge [M]. Cambridge: Cambridge University Press, 1970: 59-90.

[128]R. H. Coase. Payola in Radio and Television Broadcasting[J]. Journal of Law and Economics, 1979, 22(2).

[129]R. H. Coase. The Federal Communications Commission[J]. Journal of Law and Economics, 1959, 2.

[130]Robert G. Picard. Historical Trends and Patterns in Media Economics[A]. // Alan B. Albarran, Sylaiv M. Chan-Olmsted, Michael O. Wirth. Handbook of media management and economics [M]. London: Lawrence Erlbaum Associates, 2005.

[131]S. Shapin. History of Science and Its Sociological Reconstructions[J]. History of Science, 1982, 20.

[132]Stephen Lacy, Walter E. Niebauer, Jr.. Developing and Using Theory for Media Economics[J]. The Journal of Media Economics, 1995, 8(2).

[133]T. S. Kuhn. History of Science in International Encyclopedia of Social Sciences [M]. New York: Crowell Collier and Macmillan, 1968.

[134]T. S. Kuhn. The Structure of Scientific Revolutions[M]. Chicago: University of Chicago Press, 1962.

[135]Todd Chambers. Who's on First? Studying the Scholarly Community of Media Economics[J]. The Journal of Media Economics, 1998, 11.

[136]S. Vaile Roland. Economics of advertising [M]. New York: Ronald Press Company, 1927.

[137]World Intellectual PropertyOrganization (WIPO). Copyright + Creativity = Jobs and Economic Growth—WIPO Studies on The Economic Contribution of Copyright Industries.